八幡神と神仏習合

逵日出典

講談社現代新書

1904

はじめに

小倉から日豊本線《にっぽう》の列車に乗りこみ宇佐に向かう。座席が空いている限り、私は進行方向（別府・大分方面）に向かって右側の席に座る。車窓に展開する山々の姿を眺めるのが実に楽しいからである。

列車が山国川《やまくに》の鉄橋を渡り、福岡県から大分県に入って中津に到着しようとするころ、車窓に一種独特な山姿が現われる。八面山（六五九・四メートル）である。その山容は航空母艦型の見事なメーサ状をなして、八方から眺めても形がほぼ同じに見えるところからこの名があるという。したがって、しばらくの間、この山は車窓の主役であり続ける。

伊呂波川《いろは》を渡るころ、八面山はかなり後方に退き、車窓にはいくつかの釣り鐘状の山々が林立する印象的な山姿が現われる。霞がかかっている時などは、まさに墨絵の世界を現出する。その中にひときわ高く突き立った山が目につく。稲積山（四〇六メートル）である。『太宰管内志』（中巻・豊前之十）に「登り八町にして甚《はなはだ》聳《そび》えたる山なり　形甚うるはしく上のとがりたる山なれば近郡ノ人是をスキザキ山と云」と記されているのはうまい表現といえよう。この光景を楽しめるのはほんの一瞬である。

間もなく駅館《やっかん》川の鉄橋にさしかかる。稲積山はまだ見えているが、ここまで来るとあの迫力はもはやない。車窓を独占するのは御許山《おもとさん》（六四七メートル）である。東西に横たわる穏やかな山姿とその麓に宇佐神宮の叢林《そうりん》が帯状に広がる光景は印象的で、いよいよ宇佐に来たという思いとともに列車を降りる。

八面山・稲積山・御許山と山姿を眺めてきたが、山姿のみを楽しんでいるのではない。神々は山そこに坐《ま》す、というのは古代人の信仰として常識であった。中津地域の人々は八面山に、宇佐郡の駅館川左岸（西岸）の人々（特に辛嶋《からしま》一族）は稲積山に、駅館川右岸（東岸）の人々は御許山に、それぞれ神霊が宿ると信じ、必要を感じてはこの神を麓《ふもと》に迎えて祀《まつ》ったのである。

また、三つの山と麓の平地は、八幡という特異な神が成立していった経路でもある。日豊線の車窓からは望めないが、豊前《ぶぜん》国に所属していた、福岡県東部の香春《かわら》岳・彦山《ひこさん》（現英彦山）とも関わりながら、八幡という日本の神となった（詳細は本論で述べる）。その後八幡神は驚異的な発展と広がりを示すが、この八幡神と不可分の関係で発展するのが神仏習合の現象である。古来の神祇《じんぎ》信仰と伝来の仏教が習合し、時代とともに複雑化し深化する。いかにも日本らしい文化形成の中で成熟し、今なおわれわれの生活の中に息づいている。

ところが、「神仏習合」という語は、往々にして便利語に用いられてしまうことが多い。何かを語る中で神と仏が関わっている事例に直面すると、当時は「神仏習合の時代であったので」とか、「神仏混淆《こんこう》の時代であったので」といった具合に、一言で片付けられてしまうことがしばしばある。一口に神仏習合といっても、発生期から各時期によって、その現象形態や思想的背景が異なるのであり、習合の流れを的確にとらえることが重要であろう。この流れに必ず関わり重要な役割を果たすのが先述の八幡神である。一般には、八幡神という呼称よりも八幡大菩薩《だいぼさつ》といった方が馴染《なじみ》深いと思うが、八幡大菩薩という呼称もこの関わりの中で生まれる。いわば、八幡神は常に神仏習合を先導した神であるといえよう。

日本文化は豊かで多くの特質をもっている。八幡神と神仏習合はこのことにも大きく貢献したわけであるが、ことに八幡神の生み出した八幡文化は注目に値する。八幡神が成立した宇佐地方はもちろんであるが、隣接する国東《くにさき》半島にかけての地は、八幡文化発祥の地として多くの遺産をもつ。八幡神とともに八幡文化は全国的な広がりをもつ中で、発祥の地として宇佐・国東の文化には特に注目しておくべきであろう。

本書においては、以上のことがらについて、学生諸君や一般の方々に、できるだけ理解しやすい形で書き下ろし、提供させていただこうと思う。日本文化の豊かな特質を把握される上で、本書がその一助となり得れば幸甚である。

目次

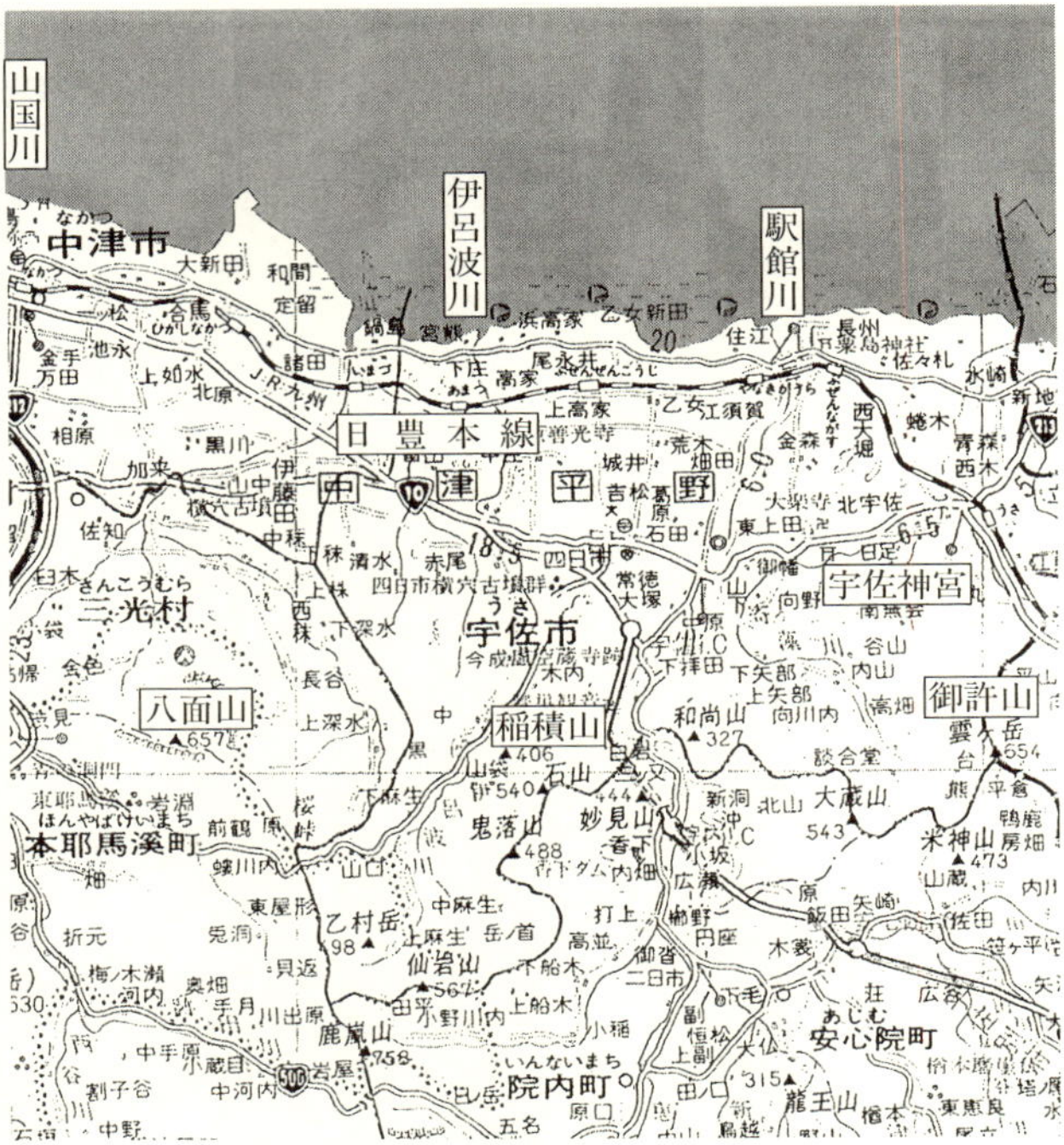

八面山・稲積山・御許山と宇佐神宮

第一章　神奈備信仰（神体山信仰）と仏教の伝来

今日も各地域に神社があり、さまざまな神が祀《まつ》られている。われわれが神社に参拝するとき、参道を歩み、鳥居をくぐると、拝殿や本殿などの建物に直面する。神は本殿に鎮《しず》まっており、その前で深々と頭を下げ柏手《かしわで》を打って拝するのが常識であろう。しかし、このような神社は、当初の神祇祭祀《じんぎさいし》の形態中には存在せず、より自然な形で信仰されていた。

神々は山に坐《ま》す

わが国最初の基本的な祭祀（神を祀ること）形態の成立は、農耕生活の定着と深く関わっている。それは、農耕生活の普及と地域共同体の形成過程の中に成立してきて、氏姓制度を根幹とするいわゆる古墳時代（三世紀後半～七世紀半ば）に整ったと考えられる。考古学や民俗学の成果も踏まえて考えると、その形態は神体山信仰であり、根ざす共同体の存在した所には古墳が群在しており、また秀麗《しゅうれい》な山が信仰の対象としてあった。

神体山信仰という信仰形態を説明すると、次の通りとなる（図表1参照）。

①神体山（これを神奈備《かんなび》・三諸《みむろ》・御室《みむろ》などといった）頂上部の磐座《いわくら》や磐境《いわさか》（必ずしも岩・石に限らない。湧水や滝、大樹であってもよい。これらは神の宿りやすいもの、つまり依代《よりしろ》または神籬《ひもろぎ》とされた）に必要に応じて（通常は春）招かれた神霊が天空より降臨し宿る――これを山

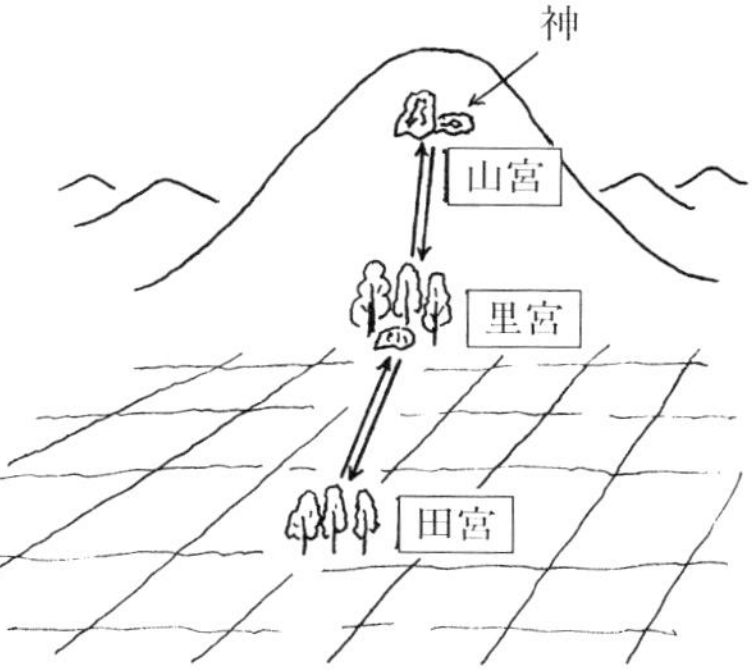

図表1　神体山信仰の基本図

宮という。

②山頂の磐座・磐境より、神を山麓の人里近くにある祭祀の場に迎え降ろす。ここでも岩・水・大樹などに神が宿る形をとる――これを里宮という。

③人里近くの祭祀の場から、必要があれば、さらに農耕をおこなう直接の場所（田圃《たんぼ》の真中）に神を遷《うつ》し迎える――これを田宮（または野宮）という。

以上の①②③の形をとるが、これは、農耕の始まる春に神を山に、山から人里に迎え、秋の収穫まで神を里や田圃にとどめて農耕の豊《ほう》饒《じょう》を見守っていただき、収穫が終ると、神に感謝をして再び山中に送りもどす（③②①の順で）というものである。つまり、山宮――里宮――田宮（野宮）という三つの点を結んで、春の神迎え、秋の神送りをくり返すのが神体山信仰、いいかえれば自然神道期における祭祀の形態であった。信仰の対象や宗教施設が自然そのものであって、いずれの宮においても建物はなく、樹木に囲まれて磐座・磐境・滝・湧水などがあるのみだった。

ここまで記すと、読者の皆様には、『古事記』や『日本書紀』に見られる神話の一端を思い出される方々も多いと思う。天地開闢《かいびやく》の段で、伊邪那岐命《いざなぎのみこと》（紀では伊弉諾尊）と伊邪《いざ》那美命《なみのみこと》（紀では伊弉冉尊）がみずから生成した淤能碁呂島《おのごろじま》（紀では磤馭盧嶋）に天降《あまくだ》る話、天孫降臨の段で邇邇芸命《ににぎのみこと》（紀では瓊瓊杵尊）が筑紫《つくし》の日向《ひゅうが》の高千穂峯《たかちほのみね》に天降る話など、神がしばしば地上に降りてくる場面がある。

日本神話の形成期も古墳時代と考えられており、先に説明した神体山信仰で必要により神は降臨するものという常識が反映されたものといえよう。また、神々は存在するが姿を現わさないという考えも古来の常識であった。『古事記』天地開闢の段で次々に現われる神に対して、「並独神《みなひとりがみ》となりまして身を隠《かく》したまひき」と記しているのもそのことによる。

神体山は各地域でもっとも姿の美しい山や印象的・象徴的な山を選んでいた（**写真1**参照）。信仰は各地域に存在する豪族を中心としておこなわれた。①②③のそれぞれの宮における神迎え・神送りの際には、さまざまな神事（祭り）がとりおこなわれ、ここで活躍するのがシャーマン、つまり司祭者としての巫女《みこ》（未婚の女性）であった。

このような形態の信仰が続く中で、春の神迎えの祭りが祈年《としごい》、秋の神送りの際におこなう収穫に感謝する祭りが新嘗《にいなめ》として、農耕儀礼の中心となる。

写真1　三輪山

新嘗の祭りで、新たに収穫された稲、つまり「新苗」を神に供え（食べていただいて）山にお還《かえ》り願う。新しいナへをナメ（食べ）たことによって、稲の精力が神の体内に入り、半年間を山で過ごされる。

そして、翌年の春に迎えられるときには、その神霊がまた新しくよみがえり、去年食べたナへの生命力と神体山のミドリのもつ自然力によって、神霊の力も復活すると考えたようである。この神霊の更新を「ミアレ」（御阿礼）といい、更新された神霊を「若宮」というのもこの考えによる。

神体山信仰で対象となった神は、当初において単なる神霊（特に自然神）であったと考えられるが、やがて男女二柱《ふたはしら》の神、すなわちヒコ・ヒメ神と受け取られるようになる。農耕生活における信仰の基礎は、穀物の豊かな稔りを祈ることにあるので、男女二柱の神を祀ってその営為《いとなみ》に期待したのであろう。

なお、海辺・湖辺に住む人々の間でも、同様の考えにもとづく信仰がおこなわれていた。沖の孤島は神々の宿る所と考えられ、沖津宮《おきつみや》（山宮に相当）として信仰され、沖津宮から対岸に神を迎えて祀る所を辺津宮《へつみや》（里宮に相当）といった（コラム1参照）。

神社の出現

以上のように、神々は天上にあり、必要に応じて地上に降臨した。

神体山信仰として毎年神の送迎をくり返す中、人々の思い・考え方に少しずつ変化が生じる。恵みを与える神ならば、迎えたり送ったりするのではなく、人里に常住してほしいと願うようになる。そこで、神の常住する所（つまり山麓の里宮）が神社となり、常に神が鎮座《ちんざ》して、これを祀る人々に恩恵を与えるという。

神社が出現したといっても、ただちに今日の神社の姿を連想していただいては困る。社殿はまったくなく、形態の上では従来の里宮と何ら変るところがない。そこに神が常住しているというだけである。この神社は氏族（豪族）の守護のために存在したので、神社の出現は同時に氏神の出現を意味した。当初、神社に祀られた神は恵み深い優しい神であるから、自然神（太陽・水・雨・風などの神）であったことは当然であろう。人々に災《わざわ》いをもたらすと信じられた悪霊（特に死霊）は恐れられ遠ざけられたのである。

ところで、神社が出現し神が常住すると考えるようになっても、依然として古い祭祀形態が合わせおこなわれた。このあたり、いかにも日本的でもあるが、山宮は奥宮に、里宮はいわゆる神社に、田宮は御旅所《おたびしょ》にと、それぞれ変貌しながらも、古い形態（神体山信仰の形態）が温存されていった。

この形態がしばらく続くと、人々の祭祀に対する考えがまた変化する。これまで遠ざけていた恐るべき死霊も、子孫たちの手厚い魂祀《たままつ》りによって逆に恵みを与える善霊となる。こう考えると、子孫にとって、血のつながりをもつ祖先神（死霊）は、自然神よりもはるかに親しみのもてるものとなってくる。こうなれば、神社に祀る神として、自然神と祖先神が共に祀られるようになり、しだいに祖先神の比重が大きくなっていく。こうして祖先神＝氏神としての観念が成立したのである。当時の氏族社会が完全な血縁集団として構成されていたことからすれば、この神観念の成立は当然の帰結であったといえよう。現在も各地に存在する氏神は、地縁集団である地域社会の人々によって祀られる産土神《うぶすながみ》となっている。

祖先神を祀ることになった神社（氏神）は、さらに変貌をとげる。祖先神を祀るとなれば、みずからの祖先の象徴的な人物像を神に重ね合わせることになるであろう。つまり、祖先神を人格神として祀るようになる。また、やがて神社には社殿が建立されていく。社殿の出現はもっとも早い所で七世紀後半から八世紀前半、大部分の神社は八世紀後半から平安時代にやっと社殿が伴うようになると考えられる。

このように、神社の出現は神体山信仰の中でとらえるべきものである。今日見る古い神社は、山麓にあり、背後に山を負っていることが多い。この山が、かつての神体山であることがご理解いただけたことと思う。

仏教の伝来

わが国の神祇信仰は、これまで述べてきたことを踏まえると、その特質は、第一に日本の神々は「八百万神《やおよろずのかみ》」といわれるように典型的な多神教であること、第二にその信仰は超自然の力を借りて目的や願望を達成しようとする、いわゆる呪術《じゅじゅつ》的性格を基底としていること、第三に呪術の根幹をなす祈禱《きとう》は現世祈願的であること、の三つに要約できる。

要するに、わが国の神祇信仰は、深遠な理論と教義に裏付けられて存在するのではなく、自然と共に存在し、素朴な心・正直な心にもとづく信仰であったといえよう。

そのような信仰がおこなわれていたわが国に仏教が伝来する。その時期については、周知のごとく、長い論争を経て欽明天皇七年（五三八年）に公伝されたとする考え方（『元興寺《がんごうじ》縁起《えんぎ》』や『上宮聖徳法王帝説《じょうぐうしょうとくほうおうていせつ》』にもとづく）が定着している（私伝としては五世紀に北九州方面に伝わっていた）。つまり、この年に百済《くだら》の聖明王が欽明天皇に仏像や経論を献じたという。『日本書紀』（同天皇十三年条）に、聖明王が使に託したとされる仏法を賞賛した文が引かれており、「是《こ》の法《のり》は、諸法《もろもろののり》の中に於《おい》て、最も殊勝《すぐ》れて為《いま》す、解《し》り難く入《い》り難し。周公、孔子も尚《なお》知ること能《あた》はず。此《こ》の法《のり》は、能《よ》く量《はかり》無く辺《かぎり》無き福徳果報《いきおいむくい》を生《な》して、乃至《すなわち》、無上《すぐれたる》菩提《ぼだい》を成し弁《わきま》ふ」とある。

献上を受けた天皇は、「歓喜《よろこ》び踊躍《ほとばし》りて」「昔より来《このかた》、未《いま》だ曾《かつ》て是《かく》の如き微妙《くわ》しき法《のり》を聞くことを得ず」と、使者にいったという。しかし、歓喜は同時に驚きでもあった。「西蕃《にしのくに》の献《たてまつ》れる仏の相貌端厳《みかおきらきら》し、全《もは》ら未《いま》だ曾《かつ》て看《み》ず」といったとある。金色燦然《さんぜん》と輝く仏像を前にして、わが国古来の信仰対象である神と対比するとき、あまりにも大きく異なる対象であることか。天皇はいうにおよばず、周囲の群臣たちにも共通の驚きであったことだろう。

天皇は伝来の仏法を採用するか否かで大いに悩むところとなった。その結果、みずから判断を下しえず群臣たちに諮《はか》ったのである。

大臣《おおおみ》の蘇我稲目《そがのいなめ》は「西蕃《にしのくに》の諸国《もろもろのくに》、一《もはら》に皆之《これ》を礼《いやま》ふ。豊秋日本《とよあきつやまと》、豈《あ》に独《ひと》り背《そむ》かむや」といって仏法受容に賛成したが、大連《おおむらじ》の物部尾輿《もののべのおこし》や連《むらじ》の中臣鎌子《なかとみのかまこ》は「我が国家《みかど》、天《あめ》の下《した》に王《きみ》とましますは、恒《つね》に天地社稷《あめつちくにいえ》の百八十神《ももあまりやそがみ》を以《もっ》て、春夏秋冬に祭拝《いわいおが》むことを事《わざ》と為《な》す。方《まさ》に今、改めて蕃 神《となりのくにのかみ》を拝むこと。恐らくは国神《くにつかみ》の怒《いかり》を致したまはむことを」と主張して反対した。

当時を代表する二大勢力である蘇我・物部両氏が真向から対立する状況にあって、天皇は仏法の受容に踏み切れず、賛成した稲目に仏像などを与えて信仰を認めるしかなかった。

以上は有名な話として大方の周知するところであるが、最近の研究では、この伝来記事に大きな疑問点が指摘されるようになった。例えば、先に引いた聖明王が使者に託したとされる文は、後に伝来する『金光明最勝王経《こんこうみようさいしようおうきよう》』(漢訳されたのは七〇三年)如来寿量品《にょらいじゆりようほん》にもとづくことや、蘇我稲目と物部尾輿のやりとりが、『高僧伝』巻九・仏図澄《ぶつとちよう》伝にもとづくこと、なかんずく尾輿の言中にある「蕃神」というとらえ方などありようがなかったという指摘である。ともあれ、仏教伝来を端緒に約五十年にわたる崇仏・排仏の論争と抗争が展開される。蘇我・物部両氏の対立は、仏教をめぐる対立のみでなく、他の多くの面でもみられた。

この間、欽明・敏達《びだつ》・用明の三天皇が即位、蘇我氏では稲目の後を馬子《うまこ》が、物部氏では尾輿の後を守屋《もりや》がそれぞれ継承し世代交替をみたが、争いは果てることなく続いた。用明天皇はわずか在位二年にして亡くなり、皇位継承をめぐって両氏の争いは極限に達し、ついに戦乱となる。馬子の率いる軍には厩戸皇子《うまやどのおうじ》（後の聖徳太子）をはじめ諸皇子も共に闘っていたが、苦戦の結果、やがて物部の軍を破る。ここに蘇我・物部二大勢力の対立期は終り、蘇我氏専横の時期がおとずれることになった。とき、まさに六世紀の末である。

皇位は欽明天皇の第十二皇子の泊瀬部皇子《はつせべのおうじ》が継承した。崇峻《すしゅん》天皇である。この天皇の元年（五八八年）、馬子は飛鳥の中心部にあたる真神原《まがみのはら》に法興寺（現飛鳥寺）の建立を決意し、起工した。完成は九年後であるが、この寺は塔を中心に三つの金堂と講堂・南門・中門・回廊などをもつ、わが国最初の本格的な伽藍《がらん》であり、日本仏教の興隆は、実にここから始まるとまでいわれる。馬子の勢力をおさえようとした崇峻天皇は、かえって馬子のために暗殺されてしまい、女帝推古天皇が即位する（五九二年）。翌年摂政となった聖徳太子が、さかんな仏法興隆政策をおしすすめることになり（太子もまた難波に四天王寺を建立）、太子と馬子を中心に日本仏教興隆の基礎が築かれていったといえよう。

氏族仏教の展開と日本的受容

この経過からみて明らかなように、天皇は公の立場において仏教を受容することができず、蘇我氏を中心とした氏族（豪族）たちの間で受容されていった。したがって、日本仏教は「氏族仏教」として、寺院もまた氏族の造る「氏寺《うじでら》」として始まったということを認知しておく必要があろう。

先に蘇我馬子によって法興寺が建立されたことを述べた。わが国初の本格的寺院は蘇我氏の氏寺でもあった。これ以後、飛鳥地方を中心に大和・難波・河内・山背《やましろ》など畿内の各所に仏教を受容した氏族により寺院が次々に建立され、やがて地方にも及んでいく。

その代表的な例をいくつかあげてみよう。法興寺（飛鳥寺、蘇我馬子）・巨勢寺《こせでら》（巨勢氏）・軽寺《かるでら》（大軽氏）・葛城寺《かつらぎでら》（葛城氏）・紀寺《きでら》（紀氏）・蜂岡寺《はちがおかでら》（広隆寺、秦《はた》氏）・山田寺（蘇我倉山田石川麻呂《そがのくらやまだいしかわまろ》）・山階寺《やましなでら》（厩坂寺《うまやさかでら》→興福寺、藤原氏）など限りがない。また、純粋に氏寺とはいえないが、舒明天皇の百済寺、聖徳太子の四天王寺・法隆寺など、皇室関係者による寺院建立も氏寺的である。

これらの寺院の出現は、人々の目にはどのように映り、どのように受けとられたであろうか。仏は常に壮大な伽藍を有する寺院にあり、瓦葺《ぶ》きの屋根に朱塗りの柱と白い壁、天空にそびえたつ塔の姿などに、まず目をうばわれたことであろう。堂内には、人格表現の金色に輝く仏の姿、つまり仏像が安置され、そこでは色とりどりの衣をまとった僧が、異国のあやしき音楽的な音色《ねいろ》を背景に儀礼（法会《ほうえ》）をとりおこなう。あやしき音色と僧のとなえる経文《きょうもん》の声は、堂内に響きわたり、天井からたれさがった天蓋《てんがい》や仏の国の様を描いた壁画・仏前の花・たちのぼる香の煙などと、有機的にあやしげに作用し合い神秘の世界を構成する。その中で仏像の輝きは一段と増し、神々《こうごう》しく不思議な輝きと化して、人々の心を仏の世界に引導していく。

かつて仏教が公伝されたとき、欽明天皇が覚えた驚き以上のものを、人々は寺院という場で感じ入ったことであろう。しかし、日本人はこの驚きをいつまでも驚きとせず、その中からよくできていると感じたものを他に生かそうとする。先に述べた神体山の麓に出現した神社が比較の対象となる。社殿はいまだなく自然そのもので、姿なき神がそこに常住しているという。やがて神社に社殿が建てられ、祀る神も人格神としてとらえるという大きな変化をみた背景には、少なからず寺院や仏像からの影響があったものと思われる。

氏神が氏族の守護神・祖霊神であったように、これら氏寺は氏族の本拠地に建てられ、氏族の現世と来世にわたる祈願所であった。各氏族がこれまで古墳の築造に力を注いだのにかわって、氏寺の建立に力を注ぎ始めたのである。このあたりにも、仏教がいかに日本的風土の上に受容されたかということの一例をみることができるのである。

仏教は、先に述べた神祇信仰とは異なり、本来経典にもとづく深遠な理論に裏付けられた宗教である。当初重視された経典は、金光明経《こんこうみょうきょう》・妙法蓮華経《みょうほうれんげきょう》＝法華経《ほけきょう》・仁王般若《にんのうはんにゃ》経《きょう》・金剛般若経《こんごうはんにゃきょう》・薬師経《やくしきょう》・観音経《かんのんきょう》などである。

したがって、氏族たちの間で受容されたといっても、仏教を理論的な内面の理解の上にではなく、外面的に、しかもわが国の神祇信仰の心情と風土の上に取り入れたという、歴史事実には注意するべきである。

つまり、仏教を呪術的・現世祈願的なものとして受け入れたことにより、神も仏も本質的に大きな相違がなく、神祇信仰と同一の土壌の上に信仰された。要するに、きわめて日本的な形で受容したのである。

伝来後一世紀

『日本書紀』によると、仏教公伝の年より八十六年後にあたる推古天皇三十二年（六二四年）九月の調査として、寺院四十六ヵ寺、僧八百十六人・尼五百六十九人、合計千三百八十五人であったと記されており興味深い。この数字が正しいなら、僧尼に至っていない仏教徒の数はさらに多かったことになる。この時点で仏教はかなり興隆していたと考えられよう。

この調査がなされる前、同年四月に一人の僧が斧《おの》で祖父を打つという不祥事が起こった。天皇は諸寺の僧尼を集めて調べ、悪逆の行為をなす者を処罰しようとされた。ときに百済の僧観勒《かんろく》が上表して、仏教がインドから中国へ、中国から百済に伝わった経緯を述べ、百済から日本に伝わってまだ百年にも満たず、日本の僧尼は「未《いま》だ法律《のり》に習はざるを以《もっ》て」たやすく悪逆の罪を犯してしまう。ゆえに「諸《もろもろの》僧尼惶《おそ》れ懼《お》ぢて所如《せんすべ》を知らず」という状態であるから、特に許しがたい悪逆の行為のあった者以外は全部許されるよう願い出た。天皇はこれを聞き入れるとともに、僧正《そうじょう》・僧都《そうず》・法頭《ほうず》からなる寺院僧尼の統制機構を置いた。この時点で、天皇は相変らず国家の立場として仏教を受容していなかったが、この事件を機に、仏教との交渉をもたざるをえなかったと解するべきであろう。先の調査はこの直後になされたのである。

『日本書紀』推古三十二年の記事は、図《はか》らずも、仏教公伝後一世紀に達しようとするころの、日本仏教の実情を物語っているといえよう。それは、寺院数・僧尼数において確実に増加しているが、僧尼にあってすら戒律もじゅうぶんに理解していなかった状態である。まして、僧尼を含めた仏教徒が打ちこむべき修行の有効な方法も見出されていなかったということである。

仏教徒による山岳修行

このような状態に一筋の光明をもたらした人たちがいた。推古朝に、遣隋使に伴って派遣されていた留学僧たちの帰朝である。とき、あたかも大化改新が断行（皇極天皇四年〈六四五年〉）される前後であった。そのころ、国内においても、仏教経典による修行方法がしだいに理解され始めていたが、留学僧によってもたらされるものは中国における最新情報である。つまり、中国では、道教の神仙思想による高山・深山に居する風潮が盛んであり、この影響を受けながら、仏教徒の山岳修行が盛んになっていた。先に述べたように、有効な修行方法を見出せていなかったわが国の仏教徒にとって、この情報は新鮮かつ魅力的なものとして、受け取られたであろう。

七世紀半ばの大化改新のころを機として、わが国でも仏教徒による山岳修行が起こるのはこのためである。仏教公伝後一世紀余りを経過した時点であった。まず飛鳥地方南方の吉野山に始まり、急速に全国各地の霊山に波及する。

ここで注意しておきたいことは、神体山信仰の項で述べたように、古来、神々は山に坐《ま》す、山は神々の鎮《しず》まる所と考えられてきた。そのような所に仏教徒が入りこんで修行をするというのである。そこには、新たなものが生み出される可能性が包含されているとみてよいだろう。

仏教徒が山岳に入って厳しい修行をおこなう目的は、仏教経典にもとづいて修行を重ね、その結果として仏教的呪力《じゆりよく》を体得するところにある。

七世紀後半から奈良時代（八世紀）にかけての山岳修行は、日を追って盛んとなっていった。後の養老『僧尼令《そうにりよう》』（律令の令中に定められた僧尼に関する条項部分。養老二年〈七一八年〉

制定、天平宝字元年〈七五七年〉施行）では、官僧（国家の僧として採用された仏教徒）の山岳修行に厳しい統制が加えられている。この規定はすでに大宝『僧尼令』にあったものと考えられるので、大宝令の制定（大宝元年〈七〇一年〉）の時点で、国家として放置できない盛況ぶりであったことがうかがえる。

しかし、官僧による山岳修行が厳しく統制されているとはいえ、一定の目標のもと所定の手続きを踏んだ修行まで禁じているのではない。さらに、皇室・貴族社会の強い呪術的欲求に接近しうる道が、仏法による呪の保持者となるしかないと規定されれば、ここにかえって山岳修行を助長する一面があった。国家に厚く保護され、学解《がくげ》中心の国家仏教にも呪は必要であり、山居して修行を重ねる官僧の多く輩出したことは当然であり、彼らが奈良仏教の上に果たした役割を考えるとき、官僧による山岳修行の意義の大きいことが知られよう。

仏教徒による山岳修行は官僧だけではなかった。苦修練行《れんぎょう》する優婆塞《うばそく》（女性の場合は優婆《うば》夷《い》）・禅師などと呼ばれる民間の修行者があり、むしろこちらの方が主流で、量的にも圧倒的多数であった。彼らは『孔雀明王経《くじゃくみょうおうきょう》』・『薬師経』・『観音経』などの経典に基づき、仏教的呪法を体得し、庶民の要請にこたえては加持祈禱《かじきとう》・卜占《ぼくせん》などをおこなったのである。

彼らの修行は、早くから存在した原始山岳信仰を基礎に置きつつ、雑密《ぞうみつ》（空海が後に真言宗を開いて体系的な密教を確立する〈純密〉以前の密教）・道教などの信仰が融合したいわゆる原始修験道《しゅげんどう》（平安時代に独特な山の宗教として成立する修験道に対して、それ以前の山岳修行をいう）というべきものであった。

官僧の場合は許可された期間の修行を終えると官寺（国家が建立し維持する寺院）にもどるが、民間修行者は入山修行と地方遊行《ゆぎょう》を繰り返すのである。次の章と関連して、この点は特に注意しておく必要がある。

山岳修行者といえば、世人にもっともよく知られているのは、大和葛城山《かつらぎさん》で修行し、後世修験道の開祖と仰がれている役小角《えんのおづぬ》（役行者《えんのぎょうじゃ》）であろう。その所伝によると、彼は孔雀明王の呪を用いて山中のさまざまな神や霊を使役したという（『続日本紀《しょくにほんぎ》』文武天皇三年〈六九九年〉五月二十四日条、『日本霊異記《にほんりょういき》』上巻第二十八）。葛城山もさることながら、山岳修行の中心は吉野山（**写真2**参照）であった。

金峯山寺《きんぷせんじ》（金峯山は吉野山のこと）所蔵の『金峯山寺創草記』（鎌倉時代末期の成立と考えられる）僧侶帰伏条には、空海を筆頭に、真雅《しんが》、真済《しんぜい》、真然《しんねん》、益信《やくしん》、聖宝《しょうぼう》、護命《ごみょう》、良弁《ろうべん》、善珠、勤操《ごんぞう》、円珍、増命《ぞうみょう》、行尊、日蔵、良源、相応、浄蔵、源信など二十七名の記載がある。実に錚々《そうそう》たる顔ぶれであり、これら名僧も、若いころまたは必要に応じて吉野に入山

写真２　吉野青根ケ峰

修行したことがうかがわれよう。その他の名僧に、比蘇《ひそ》山寺（吉野寺）を拠点として自然智宗《じねんちしゅう》（コラム2参照）を開く唐僧神叡《しんえい》、官僧をあえて辞し、子嶋《こじま》山寺を拠点に生涯民間修行者として、吉野山での修行に打ちこんだ報恩の存在も忘れられない。一方、地方においても、白山《はくさん》の泰澄《たいちょう》、彦山の法蓮など、すぐれた修行者が続出した。

　山岳修行の盛行とともに、修行者は修行の拠点を必要とした。そこで山中に「山寺」とか「山房」という小寺院が出現する。これらの小寺院の中には後に大規模な寺院に発展するものもあるが、当初はあくまでも修行の拠点として、礼拝のための仏像が安置されており、夜に経を読み、寝起きする建物があるという程度の小規模なものであった。これを山岳寺院と称することにしよう。七世紀後半には早くも比蘇山寺（吉野寺）・志賀山寺（崇福寺）・法器山寺・壺坂山寺などの存在が文献上に確認できる。しかし、数も少なく、まだ世人の注目を集めるところまでには至っていない。

奈良時代（八世紀）に至ると、山岳寺院の数は著しく増加するとともに、地方にも及び始める。比蘇山寺や壺坂山寺（前代より継続）のほかに、長谷《はせ》山寺・子嶋山寺・室生《むろう》山寺・清水《きよみず》山寺など著名な山岳寺院が多く出現し、世人の注目を浴びるようになる。うち、官僧の修行拠点として、比蘇山寺においては自然智宗を確立し、神叡・尊応・勝悟・護命・道《どう》璿《せん》・徳一《とくいつ》などが、室生山寺では興福寺僧の賢璟《けんぎょう》・修圓《しゅうえん》、真言宗の真泰《しんたい》、天台宗の圓修《えんしゅう》・堅慧《けんね》など宗派を超えた修行もみられた。民間修行僧の拠点としては、徳道の長谷山寺、報恩の子嶋山寺、延鎮（報恩の弟子）の清水山寺などがあり、それぞれに個性豊かな山岳寺院であった。

平安遷都（それに先立つ長岡遷都も含めて）は律令国家刷新の一環として実施されたが、仏教界刷新の意もこめ、天台・真言両宗の開宗に至らしめた。真言宗は密教によるものであり、天台宗も遅れてではあるが密教化する。両宗による密教は時代の趨勢《すうせい》となった。

一方、吉野山を中心とした原始修験道は、密教の強い影響のもとに「修験道」として独特な山岳宗教となる。密教と修験道、この両者と山岳寺院は無関係ではありえず、あるものは著しく密教化して密教道場に、あるものは観音の霊場として、また、あるものは修験道の一山寺と化していく。輝かしい個性を誇った奈良朝山岳寺院は、ここに終焉《しゅうえん》を迎えるときがきた。華やかな官寺仏教を裏面から支え、一方で、山岳修行を基調とする平安新仏教誕生の豊かな土壌を培った意義は大きかったといえよう。

【コラム1　神体山・神体島】

神体山は本来神奈備《かんなび》・三諸《みむろ》・御室《みむろ》などと呼ばれ、神々・諸霊の鎮《しず》まる山として信仰された。各地域に存在したはずで、基本的に姿の美しい円錐《えんすい》状の山（四〇〇メートルから五〇〇メートル程度の高さのものが多い）を選んでいることが多い。大和の三輪山（**写真1**）、近江の御《み》上山《かみやま》（三上山）、豊前の稲積山（**写真7**）など典型的な例で、全国的におびただしい数にのぼるだろう。

一方、姿が美しいというよりその地域の象徴的な山も神体山として信仰された例が多い。本書で扱っている豊前の八面山（**写真16**）、御許山《おもとさん》（**写真4・5**）などはその例である。また、ある程度広範囲な地域における高山で総神体山（総神奈備）的なものもある。大和の吉野山、近江の比良山《ひらさん》などはその例といえよう。

各地域にあったはずの神体山であるが、今日では人々にすっかり忘れられていることが多い。しかし、何か痕跡《こんせき》を残していることが多いので調べてみるのがよいと思う。その一つとして山名に残っている場合がある。御神山《みかみやま》・御上山《みかみやま》・三上山《みかみやま》・神山《こうやま》・神山《みやま》・甲山《こうやま》・みむろ（三諸・御室）山・田神山《たなかみやま》・田上山《たなかみやま》などはその類《たぐい》である。また、本文の神体山信仰の説明として、山宮―里宮―田宮（野宮）について述べたが、一つの神体山に対して山宮は一つであっても、里宮・田宮は一つとは限らない。むしろ、里宮・田宮は何ヵ所もあり、広範囲に分布していることの方が多い。

本文では海辺・湖辺に住む人々の間でも、神体山信仰と同様の考えによる信仰がなされていたことを簡単に触れた。この場合、沖の孤島は神々の宿る所（神体島）と考えられ、沖津宮といわれたわけであるが、本来島は山である。山なるがゆえに水面上に姿があるのである。「島」「嶋」には山が必ずあり、陸上の山も島と呼ばれた例が古代にはある。『日本書紀』神代巻には「宇佐嶋」に天照大神の三女神（宗像三神《むなかたさんじん》）が降臨した話を見るが、これは宇佐の山、つまり御許山を指す。水上の島といい、陸上の山といい、霞《かすみ》がかかった光景を眺めるとき、島と山の区別はなくなるであろう。海辺・湖辺の人々が沖合の島を神体山と同様に考えたのは当然である。神々のいます島を、御島《みしま》・三島《みしま》・神島《みしま》・神島《こうじま》などといい、安芸の厳《いつく》島《しま》（現厳島神社がある）や琵琶湖に浮かぶ竹生島《ちくぶしま》（現都久夫須麻《つくぶすま》神社がある）などは典型的な例といえる。

【コラム2　自然智宗《じねんちしゅう》】

山岳寺院の中でも比蘇山寺は早い例で、七世紀後半には存在していた。この山寺は飛鳥地方の南に隣接する高取山（五八三・九メートル）の南麓にあり、吉野山に至る古道の喉元《のどもと》にあたる。古くはこのあたりも芳野（吉野）といったので吉野寺ともいった。

比蘇山寺の内容を特色ある豊かなものにしたのが唐僧神叡《しんえい》であった。彼は当山寺に二十年にわたって居住し、「芳野僧都《よしのそうず》」といわれ自然智を得たという（『延暦僧録』神叡伝）。この二十年間とはいつの時期にあたるのであろうか。神叡は当山寺居住後は僧綱《そうごう》（仏教界を統括する中央の僧官で、治部省玄蕃寮《げんばりよう》の統属下にあった）に補任《ぶにん》（任命）される。つまり、その最初である律師《りつし》補任が養老元年（七一七年）七月二十一日であり（『七大寺年表』）、したがって、彼の比蘇山寺居住は、それ以前の七世紀末期から八世紀初めの二十年間であったということになる。

神叡が得た自然智とはいかなるものであったのか。その手がかりとして、先に示した彼の所伝に関する二文献や『今昔物語集』巻十一に、虚空蔵菩薩《こくうぞうぼさつ》（宇宙のすべてのものをもち合わせ、無量の福徳・智恵をそなえ、常に衆生《しゆじよう》〈人間をはじめ、仏の救済の対象となるすべての生物〉に与えて諸願を成就《じようじゆ》させる菩薩）の験《げん》を得たことが記されている。ここから考えると、自然智は虚空蔵菩薩を祈願の対象とし、この菩薩から賦与《ふよ》せられる〝天賦の智恵〟をいい、「学知《がくち》」に対する「生知《せいち》」になぞらえられるものであるという。虚空蔵菩薩を祈願の対象とする修法には三種類（虚空蔵菩薩法・五大虚空蔵法・虚空蔵求聞持法《ぐもんじほう》）あるが、ここで用いるのは虚空蔵求聞持法である。

この法は、虚空蔵菩薩を本尊として聡明を求めるものである。したがって、「自然智宗」といえば、この法によって「聞持」（見聞覚知のことを持続して忘れないこと）の智恵を得ることを目標とした山岳修行の一派であり、それは三論《さんろん》・成実《じょうじつ》・法相《ほっそう》・倶舎《くしゃ》・華厳《けごん》・律《りつ》のいわゆる六宗の宗派・学派に関連するものではない。その学系には本文で示したように、神叡―尊応―勝悟―護命―徳一などが位置づけられ、元興寺法相系の一派が中核となっていた。したがって、この派は奈良仏教を裏面から支える大きな力となったであろう。

第二章　神仏習合現象の始まり

仏教公伝以来七世紀末ころまでの一世紀半余りに及ぶ時期（約百七十年間）は、日本における仏教興隆期であるとともに、古来の神祇信仰と伝来の仏教が接近し、やがて両者が習合に至る素地の形成期でもあった。この素地を踏まえて、神仏習合が現象となって現われる。最初の習合現象はどのようにして起こり、どのような形で現われたのであろうか。

神仏習合の素地形成

神仏習合現象が発生するには、仏教伝来以来の時間的経過の中で、単一ではなく、複数の各面において徐々に素地が形成されていったと考えるべきであろう。ここでは四つの側面にまとめて述べていくことにしよう。

①神祇・仏教両者の内容面より形成する素地

前章で述べたように、神祇・仏教両者の内容は大きく異なるが、両者とも他を排斥する一神教ではなく、多神教であるという共通点をもっている。これは重要な要素であり、多角的に物事を摂取し、何事にも融通のきく解釈ができる日本人にとって、両者間を接近させる出発点になったと考えられよう。

また、仏教の中に諸天《しょてん》というものがある。釈迦が仏教を開いて後、インド固有の神々を仏教の中に取り入れ、仏法守護の役割をそれぞれに課して諸天とした。わが国において、これら諸天は日本固有の神々に相応すると考えられるようになっていく。仏教を教義的理解を通してではなく、神祇信仰にもある呪術《じゅじゅつ》的・現世祈願的なものに期待する形で受け入れ、仏教の一段と高度な呪術に影響されることが大きくなっていく。

仏教のこのような直観的理解は、仏教のもつ外見面の相違が神祇信仰にも影響を及ぼすこととなり、前章で述べた人格神の登場や神社に社殿が建てられるなどの現象をみるに至る。

以上のことがらに、両者の接近・習合に至る一つの素地の形成を見出すことができるであろう。

②仏教受容面より形成する素地

ここで扱う仏教受容は民間に限定し、国家としての受容は次の③で扱う。

まず、仏教本来の立場からすれば一つの矛盾ではあるが、祖先崇拝と結合して仏教が受容され、また仏教を祭祀的な面において受容したり、さらに、海上から訪れてくるものはまさに祖霊、「まれびと神」として受容されるなど、いずれも習合の素地を形成するものである。

一方、社会構造面からみると、四・五・六世紀は豪族（氏族）間の抗争が激化した時期であり、豪族たちの支配が再編成を繰り返していく。この中で本来の豪族の守護神（氏神）が、新たに編入された被支配者に対して従前のような威力を発揮できない（日本の神祇は地域的閉鎖性をもっていた）。いわば支配の上で危機的状況に迫られた豪族たちは、ここに普遍的神性として仏教を受容する基盤ができていった。

したがって、地方における仏教はまず豪族によって受容され、一般大衆（農民）は豪族を通して間接的に仏教を受容した。その中で、仏は何よりも荒ぶる神を鎮《しず》めるものとして受容され、大衆の間に「神も仏もない」という意識を培い、やがて、習合現象が地方を舞台に起こる素地が形成されていく。

③国家の宗教政策より形成する素地

伝来の仏教は、しばらくの間、天皇（国家）の立場において受容されなかった。したがって、当初の日本仏教は氏族仏教として展開した。

本格的に天皇の立場において仏教を受容するのは、七世紀後半の天武天皇である。天皇は、『金光明経《こんこうみょうきょう》』・『仁王経《にんのうきょう》』・『法華経《ほけきょう》』など鎮護国家の経典（いわゆる護国の経典）を重視し、公的な立場において受容する。つまり律令国家の中に仏教を組み入れることにより、国家仏教として成立し、ここに神仏は同格となる。それは、②の氏族社会が仏教受容に至った宗教意識の、より一層の明確化の上に立っていたともいえよう。

神仏同格を打ち出した国家は、さまざまな〝国の大事〟にさいして、神祇・仏教の双方に祈願することになる。このような動向の中にも神仏習合の素地が生まれる。

④仏教徒の山岳修行より形成する素地

大化改新後の七世紀後半から急速に盛んとなる仏教徒による山岳修行（その様相はすでに前章で述べた）は、仏教徒が山に入ることに意味があり、彼らが山に鎮《しず》まる神々や諸霊を避けて通るわけにはいかなかった。彼らはまず、神々や諸霊を祈り祀って、その協力と保護を得ることにより、自らの修行を可能とすることができたであろう。したがって、仏教徒の山岳修行を通じて、神仏の接近はおろか、きわめて自然な形で、どの面よりも先んじて神仏習合の端緒（行為の上で）を開いていたのである。

以上、四つの側面にまとめて習合の素地形成をみたが、要するに、①②がまず形成し、七世紀後半に至って③④が決定的なものに導く形で登場した。しかも④は重要な素地であるとともに、習合への端緒を開いていたことは注目に値する。

山岳修行者の地方遊行

地方での仏教受容は当然のことながら地方豪族によってなされ、一般大衆はこれら豪族を通して間接的に教化を受けた。このような中で、氏神を中心に神観念が変貌をとげる。氏神が成立しても、祖先神を祀るだけでなく、従来信仰していた自然神をも祀っているのが実情であった。大化改新後の律令制下においても、一般大衆の間には原始的な精霊信仰が温存されていた。

これがかつての氏族社会における祖霊信仰と結びついていたこともあって、氏神はようやく祖先神の奉祀《ほうし》に一本化され、受容された仏教からの影響も多分にあって、それぞれ職能をもった人格神として登場することになった。

人格神の登場により、地方豪族によって受容され、大衆に教化された仏教は、神祇信仰ときわめて近いものとして受け取られたことであろう。つまり、その教化はきわめて単純な内容にならざるをえない。そうでないと大衆にはとても理解できない。単純になればなるほど、神と仏の差はなくなっていく。豪族の立場からすれば、仏教は何よりも荒ぶる神（一定の方針に従わない悪神）を圧伏するものとして受容された。

先に素地形成の②で述べたことと関係するが、もともと小豪族が小地域の土地や人民を神威（神の力）を借りながら支配していた。ところが、四・五・六世紀と時の推移の中で豪族間の抗争が続き、有力豪族は弱小豪族を次々に打ち破り、その小豪族・土地・人民を支配下に入れ、一段と広い地域を支配することになった（支配の再編成）。ここで破れた小豪族たち（土地・人民も共に）はやむをえず有力豪族の支配下に入り被支配者となったわけであるが、これら被支配者たちは本来それぞれ異なる神を祀ってきたのである。したがって、被支配者たちは、ややもすれば、みずからの神を奉じて新たな支配者である有力豪族に反抗を企てようとする。

有力豪族にとって、征服を重ねて得たより広い地域の円滑な支配は困難となり、支配の危機的状況におちいった。この状況を打開するために（つまり、荒ぶる神を圧伏するために）、普遍的神性（広い範囲にいきわたる神の性格）をもつものとして仏教を受容した。

したがって、そこには神か仏かという教義上の問題はなかった。仏教の地方普及により、神仏習合に向かって自然な形で進もうとしていたのである。

このような状況にある地方社会に、山岳で修行した仏教徒が遊行《ゆぎょう》してくる。民間の修行者たちは入山修行と地方遊行を繰り返すことを前章で述べた。修行者は各地域をめぐり歩きながら、祈禱や卜占《ぼくせん》をして人々の要請に応えたので、大衆から大きな期待と尊敬を寄せられ、また、恐れられもした。遊行僧の中には、修行の程も疑わしい者や悪行をはたらく便乗者もいたらしく、政府を悩ませた。なぜならば、神祇信仰の中にも呪はあるが、彼らの活動は仏教的呪法によるものであり、一段と高度なこの呪法は大衆にとって魅力的であったことであろう。特に祈雨（雨乞《あまごい》）に対する呪法などは決定的な影響を与えたものと考えられる。

神身離脱思想

山岳修行者が地方を遊行することはさまざまな意味をもつ。彼らは不思議な呪力をもつ宗教者であるとともに、各地をめぐり歩く情報運搬者でもあり、地域社会に与える影響ははかり知れないものがあっただろう。彼らの遊行は七世紀後半からであり、律令国家体制になっている。この体制下では、これまでの地方豪族はことごとく郡司などの新しい地方行政官になり、引き続き地域の支配に当たっているので豪族層と記す。彼らが豪族層をはじめ大衆と盛んな接触をおこなう中で、神仏関係に大きな転換が起こってくる。おそらくこの転換は、山岳修行者からの働きかけによるところが大きいと考えられる。

それは神身離脱思想という新たな思想の登場である。その内容を要約すると、神は神であること自体を宿業《すくごう》（前世の報《むく》い）として苦悩している。そのことが神威の衰えをきたすことなり、結果は、風雨不順・五穀不作・疫病蔓延《まんえん》といった現象として現われ、地域社会の安穏《あんのん》が損《そこ》なわれていく。苦悩する神は仏の力を借りて救われたいと望んでいる。つまり、神は仏法を悦《よろこ》びたまうのである。そうすることによって神威を増し、再び地域社会の安泰を保持することができる——明らかに仏教的立場からの内容であることがわかる(この思想は『金光明最勝王経』滅業障品《めつごうしょうぼん》によっているとされる)。

いまや、これまで通りの神であっては、地域社会の要望に応えきれなくなっており、どうしても仏教の呪力が必要なのだ、というところから出た考えである。山岳修行者によって鼓吹《こすい》されるこの思想は、まず豪族層への説得としてなされ、修行者と豪族層との間に、新しい神仏関係の具体的な実現策が考え出されていく。神仏習合がここに初めて現象(形)となって登場するのである。

神宮寺の出現と分布

神仏習合による最初の現象とは神宮寺《じんぐうじ》の出現である。神宮寺とは、神威の衰えた神を救い護るために神社の傍《かたわら》にできる寺院をいう。歴史の表面を華々《はなばな》しく彩《いろど》る奈良の諸官寺とは対照的に、地方から登場してくるのが各地の神宮寺である。まずは諸文献に散見する初期(九世紀まで)神宮寺の事例を表示することから始めよう(**図表2**参照)。ここに登場する神宮

図表2　初期神宮寺事例一覧表

世紀	神宮寺名	創建時期	所属国名	所収文献名
7	三谷寺	天智朝（六六一～六七一）	備後	『日本霊異記』上・第七縁
8	気比神宮寺	霊亀元年（七一五）	越前	『家伝』下「武智麻呂伝」
	若狭比古神願寺	養老年中（七一七～七二四）	若狭	『類聚国史』巻一八〇・天長六年三月乙未条
	宇佐八幡神宮寺（宇佐弥勒寺）	神亀二年（七二五）	豊前	『宇佐八幡宮弥勒寺建立縁起』、『八幡宇佐宮御託宣集』巻五・巻六
	松浦神宮弥勒知識寺	天平十七年（七四五）	肥前	『類聚三代格』巻三
	鹿島神宮寺	天平勝宝年中（七四九～七五七）	常陸	『類聚三代格』巻二
	住吉神宮寺	天平宝字二年（七五八）	摂津	『住吉松葉大記』巻一〇・勘文部「神宮寺之事」条、『古今著聞集』巻一・神祇第五条
	多度神宮寺	天平宝字七年（七六三）	伊勢	『多度神宮寺伽藍縁起幷資財帳』
	伊勢大神宮寺	天平神護二年頃（七六六頃）	伊勢	『続日本紀』天平神護二年七月丙子条、『太神宮諸雑事記』神護景雲元年十月三日条
	八幡比売神宮寺	神護景雲元年（七六七）	豊前	『続日本紀』神護景雲元年九月乙丑条
	高良神宮寺（弥勒寺）	奈良時代後半	筑後	『高良縁起』（『諸縁起』〈『石清水八幡宮史料叢書』二所収〉の内、山岳宗教史研究叢書18『修験道史料集』II所収）
	陀我大神（三上神社）神宮寺	宝亀年中（七七〇～七八〇）	近江	『日本霊異記』下・第二四縁

	補陀洛山神宮寺（二荒山神宮寺・中禅寺）	延暦三年（七八四）	下野	『沙門勝道歴山水瑩玄珠碑』（『遍照発揮性霊集』巻二所収）
	日吉神宮寺	延暦四年（七八五）	近江	『叡山大師伝』延暦四年条
	三輪神宮寺（三輪寺・大神寺）	延暦七年以前（七八八以前）	大和	『延暦僧録』第二・沙門釈浄三菩薩伝、『今昔物語集』巻二〇・第四一話
	高雄神願寺（神護寺）	延暦年中（七八二～八〇六）	山背	『類聚三代格』巻二
	賀春神宮寺（法華院）	延暦年中（七八二～八〇六）	豊前	『続日本後紀』承和四年十二月庚子条
9	竈門山寺（大山寺）	延暦二十二年（八〇三）	筑前	『叡山大師伝』延暦二十二年閏十月二十三日条
	賀茂神宮寺	天長年中（八二四～八三四）	山城	『続日本後紀』天長十年十二月癸未朔条
	熱田神宮寺	承和十四年以前（八四七以前）	尾張	『熱田神宮文書』（『平安遺文』八三号）
	気多神宮寺	斉衡二年以前（八五五以前）	能登	『日本文徳天皇実録』斉衡二年五月辛亥条
	奥嶋神宮寺	貞観七年（八六五）	近江	『日本三代実録』貞観七年四月二日条
	石上神宮寺	貞観八年（八六六）	大和	『日本三代実録』貞観八年正月二十五日条
	石清水八幡神宮寺（護国寺）	貞観年中（八五九～八七七）	山城	『石清水八幡宮護国寺略記』（『群書類従』神祇部所収）・『石清水八幡宮末社記』（『石清水八幡宮史』寺塔編所収）
	出羽国神宮寺	仁和元年（八八五）	出羽	『日本三代実録』仁和元年十一月二十一日条

寺の中には創建年次の不明確なものも多いが、表中の順位は一応文献に出てくる創建年代を記載し、その順に従うものとした。

前ページの表に関して若干の補足をしておきたい。表の最初に出てくる三谷寺は〝神宮寺〟という呼称を用いていないが、『日本霊異記《にほんりょういき》』の記事内容からすれば神宮寺とみてよい。もしこの記事が史実として誤りがなければ、七世紀に若干の神宮寺が存在したことになる。また、表中には採用していないが、七世紀末の問題として、『続日本紀《しょくにほんぎ》』文武天皇二年(六九八年)十二月条に「多気《たけ》大神宮寺を度合郡《わたらいのこおり》に遷《うつ》す」とあり、この文を文字通りに解釈すると、多気大神宮寺がすでに七世紀に存在していたことになる。しかし、記事中の「寺」の字が誤って記されたものだとする説が多く、この記事を信ずるわけにはいかない。要するに、大体において、神宮寺の出現は八世紀(奈良時代)と考えてよい。以後、時の推移とともにおびただしい数となり、最終的には神社の存在する所には神宮寺ありという状態になっていく。一神社に対して複数の神宮寺ができる場合もある。

この表でもう一つ、所属国名欄に注目されたい。八世紀(都は平城京)においては、越前・若狭・豊前・肥前・常陸・摂津・伊勢・筑後・近江・下野・大和・山背(山城)とすべて地方である。大和が一回出てくるが、三輪神宮寺であり京外である。九世紀(都は平安京)においても、筑前・山城・尾張・能登・近江・大和・出羽というふうに、ここでもすべて分布は地方である。山城が二回出てくるが、賀茂神宮寺と石清水《いわしみず》八幡神宮寺であるから京外である。このように、神宮寺の出現が事例を通してみる限り、ことごとく地方からであるということは、その背景に地方の事情が少なからず関係していると考えられよう（この点については次項でも述べる）。

創建事情にみる一般的特徴

このようにして出現した初期（八世紀から九世紀）神宮寺に関して、もっとも注目するべきは、これらの神宮寺がどのような事情で創建されていったかということであろう。これについては史料の制約があり、創建事情が明らかでないものもあるが、先の表中、ある程度の創建事情を語る記事を伴うものとして、気比《けひ》神宮寺・若狭比古神願寺・鹿島神宮寺・多度《たど》神宮寺・陀我《たが》大神神宮寺・三輪神宮寺・賀春《かわら》神宮寺・賀茂神宮寺・奥嶋神宮寺などがある。このほか神宮寺ではないが、伊勢大神宮と仏教の関係を示す民間の動きとして、伊賀種生《たなお》の常楽寺に所蔵される大般若経《だいはんにゃきょう》も参考になる。

右のうち、創建事情をもっとも詳しく語っている史料が存在するのは、伊勢の多度神宮寺である。その史料とは『多度神宮寺伽藍縁起幷資財帳《がらんえんきならびにしざいちょう》』という文献で、そこに記されている創建に関わる部分を要約して示してみよう。

天平宝字七年（七六三年）十二月二十日、神社の東に井戸があり、そこを道場として満願禅師が住み、丈六（一丈六尺のこと）の阿弥陀像を安置していた。ときにある人が神のお告げ（託宣）を受けた。その内容は「われは多度神である。われは久しい間にわたり重い罪を作ってきた。その結果が今、神として存在しているのである。だから、今こそ神としての身を離れるために仏教に帰依《きえ》したいと思う」というものであった。これを聞いた満願禅師は、神社の南の地を清め、そこに小さな堂を建て神像を安置して多度大菩薩と呼んだ。これが多度神宮寺の始まりである。

次に多度郡の主帳《しゅちょう》（郡の上から四番目の役人）である水取月足が銅製の鐘と台をこの寺に納め、続いて美濃国の有力者である新麿が三重塔（二基のうち一基め）を建てた。

宝亀十一年（七八〇年）十一月十三日、朝廷は四人の僧侶をこの寺に遣わした。続いて、興福寺の僧で大僧正の地位にあった賢璟《けんぎょう》（尾張出身で「尾張大僧都」ともいわれ、後に室生《むろう》山寺を創建する著名な官僧）が三重塔（二基め）を建立する。さらに天応元年（七八一年）十二月、沙弥《しゃみ》法教が伊勢・美濃・尾張・志摩四ヵ国の仏道にある者や一般大衆の寄進を集めて、法堂と僧房および大衆湯屋（大衆浴場）を建て、多度神宮寺伽藍が整っていった。

このような中で、多度神は仏の力を得て、その神威をいよいよ増し、地域一帯におよぶこととなり、風雨は順調に大地を潤し、五穀は豊かに稔り、地域の農耕生活の安泰がもたらされることを期待したのである。

多度神宮寺は先の表の所属国名に伊勢とあった。いま少し詳しくその位置を説明すると、岐阜県と三重県の境を北西から南東に向かってのびる養老山地の南東端に多度山(四〇三メートル、わずかに三重県側に入っている)があり、この山中の南側に多度神宮があり、そこに存在した神宮寺のことである。いま紹介した縁起の内容によると、多度神は宿世《すくせ》(前世)の罪業《ざいごう》(罪の結果としての報《むく》い)により神身を受けたことで苦悩しており、この神の託宣により満願禅師が神宮寺を建立する。満願は「万巻」とも称し、天平勝宝年中(七四九〜七五七年)に常陸《ひたち》国鹿島神のために大般若経六百巻を書写し神宮寺を建てたり(『類聚三代格《るいじゅうさんだいきゃく》』巻二)、天平宝字元年(七五七年)、箱根山に入り修行した(『筥根《はこね》山縁起』)という、典型的な山岳修行僧にして遊行僧である。続いて地元の有力者や一般大衆・大僧都賢璟や沙弥法教などの力が結集されて堂塔が整っていく。その中で苦悩していた神は仏の力によって救われ、神威を増して地域社会の農耕生活を安泰に導くというのである。

この中で注目されるのは、地元の有力者(豪族層)が推進力となっていること、ここに関係している満願・法教は明らかに山岳修行者であるということであろう（賢璟は著名な官僧であるが、やはり山岳修行の経験者である）。

『多度神宮寺伽藍縁起幷資財帳』を中心に、わずかなりとも創建事情を語る文献の記事を検討すると、ほぼ共通して得られる特徴がある。これを初期神宮寺創建の上にみる一般的な特徴としてまとめておこう。

①神の苦悩（宿業《すくごう》としての神身であること自体）を、仏力を加えることによって救い、神威を一段と発揮させる。神もまた仏法を悦び歓迎する。そのために神宮寺を建立する。つまり、神身離脱思想を伴っての建立である。

②右の、つまり①の結果として、農耕生活の安定（風雨順調・五穀豊穣・疫病除去など）がもたらされる。

③神宮寺創建の推進力は地方の豪族層である。

④神宮寺創建に関係した仏教徒はことごとく山岳修行者（沙弥・優婆塞・禅師など）であり、中には官僧もいるが、それとても山岳修行の経験者である。したがって、①でいう仏力によって神の苦悩を救うという「仏力」とは、山岳修行で得た呪法の力であることがわかる。

神身離脱思想にもとづいて神託が発せられると、豪族層は修行僧と協力して、心を寄せる大衆を動員して（知識集団を結成して）費用を集め（浄財を募って）、神宮寺の創建を進めることになる。このようにして創建された神宮寺は、地方社会の願望に応えるものとしての意味づけをもつ。

ところが、いま述べた特色と異なる神宮寺が例外としてある。それは、表中の八世紀にある宇佐八幡神宮寺（宇佐弥勒《みろく》寺）と八幡比売《ひめ》神宮寺であるが、これについては第四章で述べることにする。

さて、神仏習合現象が始まり、各地に神宮寺が出現すると、次なる現象として神の前でお経を読む「神前読経《しんぜんどきょう》」が盛んにおこなわれるようになる。

元来、神の前で読むのは祝詞《のりと》であるが、ここにきて、先述のように神仏関係が大きく転換してくると、神は仏法を悦ぶと考えられるようになり、必然的に神は読経も悦ぶものと考えたのは当然であろう。

初期神仏習合の特質

神宮寺の創建・神前読経という初期の神仏習合現象を通して、その特質を考えておこう。

神仏習合という現象は、神仏両者が接近し、結合・融合することをいう。接近のしかたにおいて、いずれかが一方的に接近する場合と、両者ともども接近し合う場合の二つがあるであろう。初期神仏習合現象の場合、背景となった神身離脱思想にしても、神宮寺創建事情・神前読経にしても、明らかに仏から神への一方的な接近による習合である。これはどうしてであろうか。

第一章で述べたように、仏教は深遠な内容をもっていたが、後から伝来してきたというところに弱点があった。一方の神祇信仰は古来のものであり、きわめて自然な要素を豊かにもっており、日本社会の隅々まで浸透している。つまり、神祇信仰は地盤において強固なものをもっていた。伝来の仏教にとっては、古来の神祇に習合していくことにより、一層大衆の中に浸透をはかったものと考えられる。

このように初期神仏習合現象にみる第一の特質は、地方に発生した仏から神への接近といえよう。

次に、これまで見てきた諸現象は、現象ばかりが目立ち、強い思想的裏づけを感じない。もちろん神身離脱思想があったとはいえ、仏教側からの都合のよい説明の感が強い。わが国の神祇信仰には、強い信仰性はあっても深い教義は持ち合わせていなかった。清らかな心、正直な心をもって神に祈るという実に素朴な信仰で支えられている。それに寄生していった仏教の側としても、あえて深い思想や理論的裏づけを必要とせず、習合することこそ先決であり、現象が大いに優先することになった。これをもって初期習合現象にみられる第二の特質といえよう。

【コラム3　神宮寺の現状】

本文で述べたように、神宮寺はほぼ八世紀（奈良時代）に出現し、時の推移とともに増加し続け、おびただしい数に及んだ。その神宮寺はどのような現状にあるのだろうか。結論を先にいうと、神宮寺は、今、ことごとく存在しない。

その理由は、慶応四年（一八六八年、この年は九月八日に明治と改元される）、明治政府が発布した神仏分離令にある。政府は、王政復古の大号令（慶応三年）の主旨にもとづき、「神武創業」への復古、祭政一致のスローガンに沿うため、これまで習合していた神道と仏教（この段階での神仏習合は著しく進んでいた）を分離する政策をとった。この政策は、分離令の二年後（明治三年〈一八七〇年〉一月三日）に出される大教宣布《たいきょうせんぷ》の詔《みことのり》（神道による国民思想の統一、国家意識の高揚をはかる、神道国教化政策）と表裏一体の関係として進められた。

神仏分離令は段階的に打ち出された。その主なものとして、三月十七日、神社内に住む別当・社僧（神社内に住む僧）の還俗《げんぞく》（僧が俗人にもどること）を命じ、三月二十八日には、神名に仏教的用語を使用している神社の書き上げ、神体を仏像としている神社は仏像を取り払うべきこと、また、本地仏（第六章参照）・鰐口《わにぐち》（仏殿の軒につるし、参拝のおりに鳴らす金属製の大きな鈴）・梵鐘《ぼんしょう》をもつ神社にとりはずしを命じている。このように神社から仏教色を除去する政策が、分離令の主旨である。

この風潮に乗じて、それまで（江戸時代）僧侶の風下におかれていた神官たちは、政府の威を借りて、神仏分離にとどまらず、廃仏毀釈《はいぶつきしゃく》（仏教を排斥する行動や政策）運動を起こして、廃仏に名を借りた破壊活動を全国的に展開した（国学者・神道家のいる地域では特に激しかった）。堂塔・伽藍・仏像・仏画・絵巻物・経典・什物《じゅうもつ》（日常使う器具・道具。この場合は仏教的な）などが破却・焼却の対象となる。このとき、全国で破却され廃寺になった寺院数は、当時存在した寺院のほぼ半数といわれるが、その実数は現在でも明確になっていない。

廃仏毀釈の対象は当然神宮寺にも向けられた。

ここに神宮寺は廃寺となり、ことごとく破却された。ごく一部、他寺に合寺されたものや、神宮寺としては廃寺になっても、建造物を改造して神社の一施設として使用されている例もある。このようにして、神宮寺は国家の宗教政策にからんで、一瞬にして歴史の舞台から姿を消した。ただ例外というか、不思議にも遺《のこ》った神宮寺が若干ある。若狭《わかさ》神宮寺（福井県）などはその典型的な例であろう（コラム4参照）。また、廃寺になった神宮寺であるとはいえ、その遺構を今によく伝えているものもある。三輪神宮寺（大御輪寺《だいごりんじ》・浄願尼寺・平等寺の三ヵ寺から成り立っていた。奈良県桜井市三輪）などはそのよき例といえる。

【コラム4　現存する神宮寺——若狭神宮寺】

福井県小浜《おばま》市のあたりをほぼ東西にJR小浜線が走り、これと平行して国道二七号線が走る。市の中心部にJR小浜駅があり、一駅東に東小浜駅がある。このあたりで国道二七号線から分かれて南下する道を進む。この道に沿って流れる川があり遠敷川《おにゅうがわ》という。しばらく進むと若狭姫神社、また進むと若狭彦神社があり、さらに進むと神宮寺に到着する。ここが若狭神宮寺（福井県小浜市神宮寺）で、現在も神宮寺として存在する珍しい例である。

若狭神宮寺は本章で示した一覧表（図表2）に、「若狭比古《ひこ》神願寺」として八世紀の二番目に記載されているきわめて早くに出現した事例である。『類聚国史《るいじゅうこくし》』巻百八十・天長六年（八二九年）三月条には当神宮寺について次のように記されている。養老年中（七一七〜七二四年）、疫病蔓延《まんえん》により死者が多く出たうえ、旱魃《かんばつ》により穀物が不作となった。そこで若狭比古神（若狭彦神＝遠敷明神）の直孫和朝臣赤麿《わのあそんあかまろ》が仏道に帰依《きえ》して山岳で修行を重ねると、これが若狭比古神に感じ、神は託宣を下して、「この地はわれの住処である。われは今、神身を受けて苦悩しており、仏法に帰依して救われたいと思う」と述べたという。赤麿はただちに道場を建て仏像を安置した。これを神願寺といい、赤麿は神のためにさらに修行を重ねていくうちに、五穀は豊作となり、疫病で死ぬ人もなくなったという。

寺伝によると、神願寺の開山である赤麿は白石（神宮寺よりさらに南へ行った所）の長者の

写真３　若狭神宮寺本堂

神童を伴って奈良におもむき、かの名僧義淵《ぎえん》僧正に託した。この神童はやがて良弁《ろうべん》僧正となり、神願寺へ渡来したインド僧実忠和向（実忠もまた奈良におもむく）が良弁を助けて東大寺を完成し、さらに二月堂を建ててお水取りの行法を始めた。このお水取りに使う若狭井（二月堂の麓にある井戸）の水源が白石の鵜《う》の瀬《せ》であるといわれ、白石神社では（のち根来《ねごろ》八幡宮が継承）毎年三月二日、山八神事をおこない、同日夜、神願寺から神人と寺僧を鵜の瀬に迎え、お水送り神事をおこなう。つまり、若狭神宮寺はお水送りの寺でもあるという。

若狭比古神願寺は、鎌倉時代に四代将軍藤原頼経《よりつね》の寄進により七堂伽藍二十五坊を有し、寺号も根本神宮寺と改められた。その後雷火で焼失したが、天文二十二年（一五五三年）、越前の守護朝倉義景《よしかげ》によって再興されている。明治初年の神仏分離・廃仏毀釈によって他の神宮寺が廃寺となり、ことごとく破却される中で、幾多の重圧に耐えぬき神宮寺として存続した。寺僧は結束して通常の寺であると主張し続け、神に関するものはすべて隠し、ひそかに拝していたという。太平洋戦争後しばらくして、もとに復した。ただし、かつての七堂伽藍二十五坊のうち、現存するのは仁王門・本堂（**写真3**）・開山堂・円蔵坊・桜本坊のみである。

現存の本堂は天文二十二年の再興によるもので、五間六間の建物であり、他ではほとんど見られなくなった神宮寺本堂の内部が注目される（**図表3**参照、この平面略図は私が何度もこの堂に通い、各所を入念にスケッチしたものを踏まえて描いたもので、実測図ではない）。内陣の向かって左側が須弥壇《しゅみだん》となり、仏像が安置されている様は通常の寺院と変りない。右側の壁面こそが神宮寺たるゆえんである。この壁面を勧請座《かんじようざ》（遠くの神を招き寄せる所）または影向《ようごう》座《ざ》（招かれた神がやってくる所）という。手前の机上には榊《さかき》が立てられ三方《さんぼう》が置かれている。重要儀礼のおりには机前の座に僧侶が坐り、神名帳《じんみようちよう》（神々の名簿）を読みあげ、全国の神々をこの壁面（勧請座）に招き集めて儀礼をおこなう。平常は三つの掛軸に地元および近隣の神号（神の名）を各二柱《ふたはしら》ずつ書いたものが掛けられている。内陣右側の壁面はまさに神祀りの場であり、一つの堂内に神仏が同居していることが注目されよう。

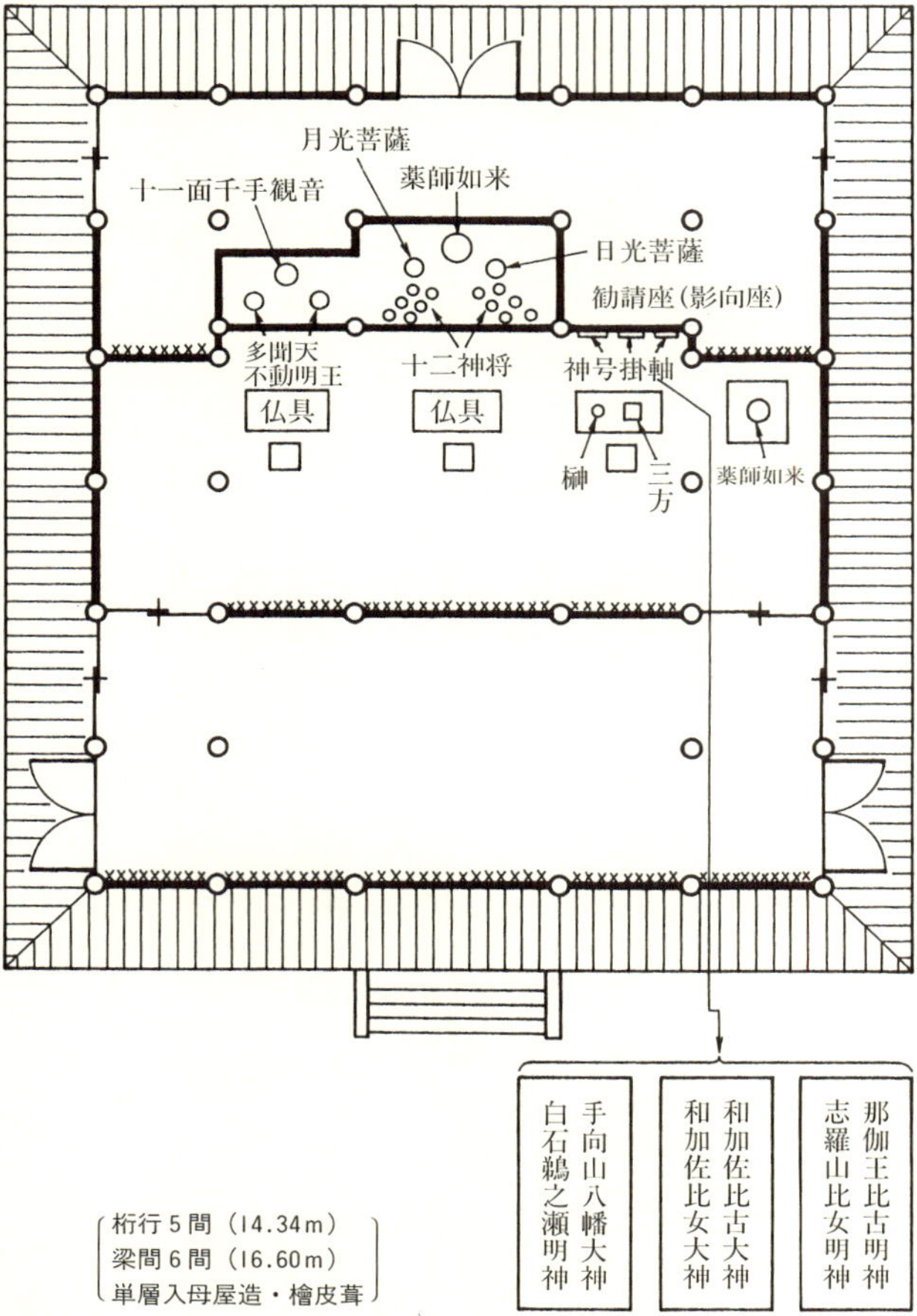

図表3　若狭神宮寺本堂平面略図

第三章　八幡という神の成立

前章で、神仏習合現象が神宮寺の出現をもって地方から始まったことをみた。しかし、大陸、ことに朝鮮半島に近い北部九州ではいささか事情を異にしていた。豊前国（現福岡県東部から大分県北部にかけての地域）では、八幡神という特異な神が成立し、驚異的な発展をとげて中央に進出する。この神はとりわけ仏教的要素を濃厚にもつ仏神で、常に神仏習合を先導し、中央の宗教事情にも強い影響を与える。本章では、そのような八幡神の成立について述べていこう。

宇佐の御許山

八幡神は豊前国宇佐（現大分県宇佐市）に成立する。この地は豊前国の東端に位置し、北方は海（周防灘《すおうなだ》）に面し、西方は中津（現大分県中津市）に向かって平野が続き、南方は山地、東方には国東《くにさき》半島がひかえている。考古遺跡からみて文化的先進地域であったらしく、朝鮮半島と大和の中間点として中央からも重視されていた。宇佐平野のほぼ中央を駅《やっ》館《かん》川（旧宇佐川）が北流し、平野を東西に二分している（以上、**地図1**参照）。

この宇佐における原初の信仰は、当地域の豪族宇佐氏（『日本書紀』神武天皇即位前紀にみえる菟狭津彦《うさつひこ》・菟狭津媛《うさつひめ》を先祖に仰ぐと伝える）を中心とした神体山信仰であった。宇佐氏は駅館川上流の安心院《あじむ》盆地（「宇佐山郷」と称される）に発祥したようで、この南端にある妻垣山（二四一メートル）を神体山として信仰していた（**地図5**参照）。

その後宇佐氏は勢力を拡大して宇佐平野を領有、駅館川右岸の現川部・高森古墳群のあたりを拠点とし、平野の南に位置する御許山《おもとさん》（馬城嶺《まきみね》、六四七メートル）の祭祀権を握り崇拝した。すべてのことを神の意志に基づいておこなった原始の時代においては、各地の豪族にとって、神を祀る実権をもつことが、地域を治める上で最重要なことであった。

御許山（**写真4、5**）の頂上部には三個の巨大な霊石があり、磐境《いわさか》形式であるとされる。三巨石を中心とした山頂部一帯は今も厳重な禁足地となっており、その麓（北々東）に大元《おおもと》神社がある（**地図2**参照）。この神社には拝殿はあるが本殿はなく、三巨石が御神体でこれを拝する（いわゆる大和の三輪型の神社）。

御許山の北麓に眼を移すと、ここに古来の祭祀の場と考えられる注目するべき所が数カ所ある。地図1中の㋑㋺㋩㋥で、㋑は「椎宮《しいのみや》」といい、注連縄《しめなわ》を張った椎の大木があり、それを玉垣で囲んであるのみ。㋺は「鉾立宮《ほこたてのみや》」といい、神木の榊《さかき》が一本あり石製の玉垣で囲んであるのみ。㋩は「阿良礼宮《あられのみや》」といい、小三角地がこんもりとした杜《もり》となっており周囲を玉垣で囲んであるのみ。㋥は「御霊水」で、現宇佐神宮上宮社殿のある小椋山《おぐらやま》北麓にあり、霊水の湧く井戸が三つと影向石《ようごういし》があって、周囲を石製の玉垣で囲んでいる。三つ

㋑椎宮、㋺鉾立宮、㋩阿良礼宮、㋥小椋山北麓の御霊水
①②は御許山が最も美しく見える地点

地図１　宇佐平野と御許山

写真４　御許山（地図１中の①地点より）

写真５　御許山（地図１中の②地点より）

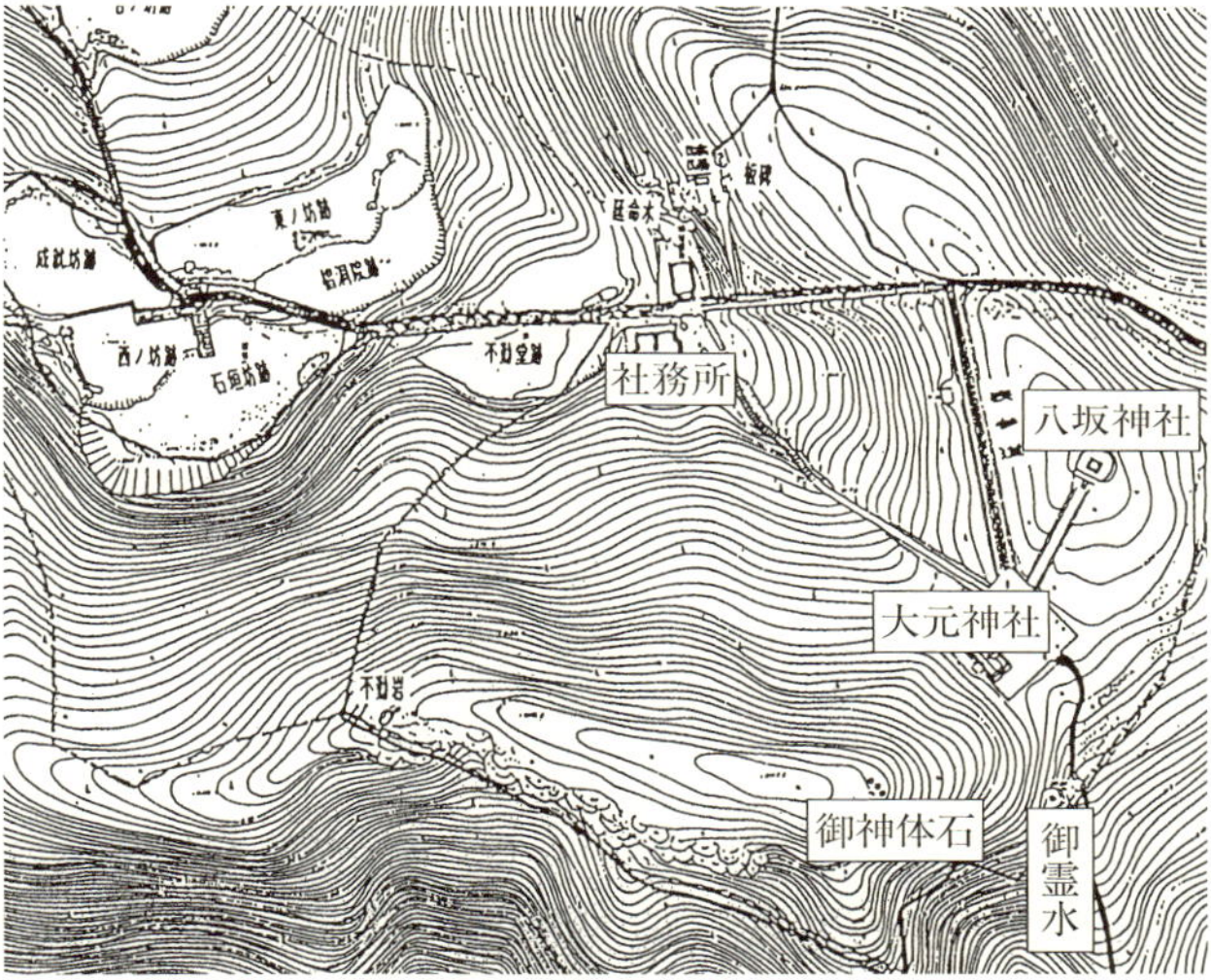

地図２　御許山山頂部

の井戸は御許山の三巨石につながるものとして信仰されてきたと考えられる。これらは社殿なき神社というべきもので古い形を伝えている。

以上、御許山北麓にある注目するべき聖地を四つ紹介したが、このような祭祀の場が山麓地域全体にわたって、さらに北に広がる平野の各所にあったものと考えられる。

ここで、御許山の頂上部と山麓部を総合して考えてみると、第一章で述べた神体山信仰の典型的な形であることがわかるであろう。つまり、頂上の三巨石（最初から三つであったとは限らない）は磐座《いわくら》・磐境《いわさか》であり、ここに神が宿り山宮であったのである（現在も宇佐神宮の奥院・本社《もとやしろ》・元宮《もとみや》として信仰されている)。春にこの神を麓に迎え降して祀る里宮や田宮は北麓地域や平野の各所に点在したことと思われる。このように宇佐における原初の信仰は、豪族宇佐氏を中心とした御許山の神体山信仰であり、他の地域と同様なものであった。

宇佐神話の形成

宇佐における原初信仰の最終段階に位置づけられるものとして、宇佐神話の形成という問題がある。『日本書紀』(巻一・神代上)の天真名井《あめのまない》における約誓《うけひ》の条に天照大神《あまてらすおおみかみ》の生んだ三女神を地上に降臨させる話がある。通常では、三女神の降臨した先は宗像《むなかた》(福岡県宗像市田島)の地であり、宗像三神《さんじん》となったといわれる。ところが同じ条の第三の一書(『書紀』の本文に採用されなかったが、参考のために掲載してある他文献中の三番目の文献)に三女神(瀛津嶋姫命《おきつしまひめのみこと》〈またの名を市杵嶋姫命《いちきしまひめのみこと》〉・湍津姫命《たぎつひめのみこと》・田霧姫命《たぎりひめのみこと》〈田心姫命《たこりひめのみこと》〉)は「宇佐嶋」に降臨せしめたと記されている。

この「宇佐嶋」とはどこであろうか。コラム1で述べたように、ここでいう「嶋」は海上に浮かぶ島ではない。島には本来山の意も含まれており、宇佐の地の山と解するべきである。宇佐における代表的な山は御許山をおいて他にない。つまり、『書紀』の一説として、天照大神の三女神が宇佐の御許山に降臨したという話が存在するのである。

この三女神は、『先代旧事本紀《せんだいくじほんぎ》』（巻三・天神本紀）によると天三降命《あめのみくだりのみこと》と称され、宇佐国造《くにのみやつこ》の祖となっている。すなわち、豪族宇佐氏は三女神（天三降命）の子孫であり宇佐国造であると記されているのである。『書紀』神武天皇即位前紀では、宇佐国造家の祖が菟狭津彦《うさつひこ》・菟狭津媛《うさつひめ》であり、神武天皇の東征にさいし、菟狭川（駅館川）上流に騰宮《あがりのみや》を造ってもてなしたなどとある。

要するに、宇佐における神話形成であり、宇佐氏が、四世紀半ばころまでに成立したといわれる大和政権下に編入されたことを意味しているといえよう（詳しくはコラム5参照）。素朴な神体山信仰がおこなわれてきた宇佐地方は、あくまでもそれを基盤としながら、山頂の三巨石を天三降命、つまり天照大神の三女神と仰ぐようになっていった。三女神に対する信仰は、やがて「比売神《ひめがみ》」として統一された観念で受けとめられていき、御許山信仰は後世にも強い影響力をもち続ける。

新羅国神を香春に祀る

ここで宇佐からはしばらく離れ、八幡神の成立について直接のきっかけをなす九州北部の問題に移ろう。

朝鮮半島に近接する九州北部の古代史は、渡来人を抜きにして考えられない。渡来人は進んだ文化・技術をもたらしたほか、彼らの神と信仰をもたらした。『八幡宇佐宮御託宣集』巻三と巻五に、「辛国《からくに》の城に、始て八流の幡《はた》と天降《あまくだ》って、吾《われ》は日本の神と成れり」という著名な一文がある。とりわけ末尾の「吾は日本の神と成れり」という語句は、八幡神の源が外来神であったことを示唆している。

『豊前国風土記』逸文《いつぶん》（『豊前国風土記』は現存しないが、一部の文が別の文献に引用されて残ったもの）に「昔者《むかし》、新羅《しらぎ》の国の神、自《みずか》ら度《わた》り到来《きた》りてこの川原《かわら》に住みき、すなはち名を鹿春《かはる》の神といひき」とある。これは、香春岳《かわらだけ》（現福岡県田川郡香春町）の東麓から南麓にかけて流れる金辺川の川原に、新羅国神が天降って住みついたという意であろう（**地図3**参照）。

香春岳（**写真6**参照）は一の岳・二の岳・三の岳からなり、いずれも円錐形の山で、南から一の岳（本来四九一メートル）・二の岳（四七〇メートル）・三の岳（五一一メートル）と続く。うち一の岳は昭和十年（一九三五年）以降浅野セメント（現太平洋セメント）香春工場によって石灰石の採掘がおこなわれ、現在は二九八メートル程度まで削られており、山姿も台形に変わりはてた。三の岳は産銅でも知られていた。新羅国神が「自ら度り到来りてこの川原に住みき」というが、これは単なる神の渡来ではなく、この神を奉祀する新羅系渡来集団の来住を意味する。八幡神はこの新羅神に源を発していることは疑う余地もない。これを起点に順を追って説明していく。

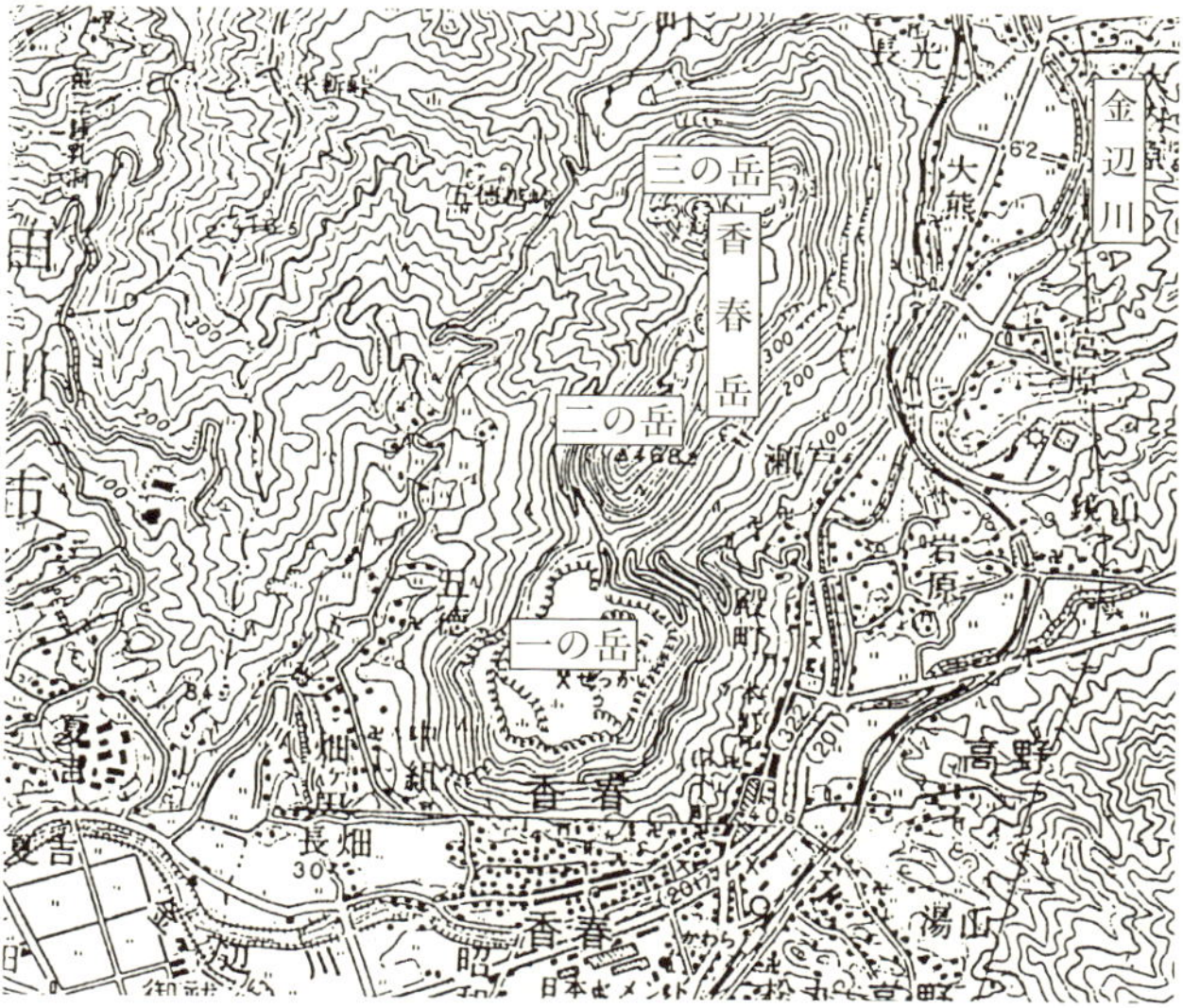

地図３　香春地域地形図

写真６　香春岳（手前から一の岳、二の岳、三の岳）

新羅神（香春神）はやがて三の岳に祀られ、さらに一の岳麓の香春神社に勧請《かんじょう》されるのは和銅二年（七〇九年）であるという。新羅神の降臨、つまり香春神の顕現時期はさだかでないが、その後の渡来人の動向や八幡神の成立過程から考えて、五世紀前半のころと推察できよう。香春神を香春神社の現祭神や『日本書紀』垂仁天皇条の一書にみる「天日《あめのひ》槍《ぼこ》」伝承（『古事記』では応神天皇条）、これと関係する「比売語曾神《ひめこそしん》」伝承から考える諸説が古くからある。神を人格神としてとらえるのはしばらく後のことであろう。香春神も顕現当時においては、単なる「香春神」としてとらえなければならない。当時の朝鮮半島の宗教事情からして、道教・仏教を融合した神であったと推察できよう。

朝鮮三国中、仏教の受容について新羅は事情を異にしていた。つまり、高句麗《こうくり》に仏教が伝来するのは三七二年、百済《くだら》には三八四年、それぞれ中国の冊封《さっぽう》体制により「下賜《かし》」されたものである。

中国の皇帝が周辺諸国の王に爵位・称号を授けることを冊封といったが、この体制は、それによって生まれる関係をいう。周辺諸国の王は冊封を受けることによって、みずからの王位の正当性を中国から認められ、自国内の王権の安定・強化をはかり、一方中国は冊封体制をしくことによって周辺の国際的秩序の安定をはかったのである。

これに対し新羅では、四世紀末に高句麗から来た僧により仏教がもたらされ、私的・地方的なものとして中央に広がっていった。新羅が中国の冊封体制に入るのは五六五年であり、他の二国よりかなり遅れたのである。

そもそも仏教は中国に入った段階で、道教と融合しながら広がったが、特に新羅ではこの傾向が強かった。後の真興王（在位五四〇年～五七六年）の時期には花郎（美貌の男子）を首領とする青年貴族集団の組織が国家制度の中にとり入れられた。

花郎集団が新羅固有の精神的基盤である風流にのっとるとともに、仏教・儒教・道教の三教を包含しており、花郎は下生《げしよう》（神や仏がこの世に出現すること。特に弥勒菩薩にいう場合が多い）した弥勒として仰がれた。

香春の南方には日子山（彦山・現英彦山、一一九九・六メートル）がそびえる。東北九州を代表する霊山として知られるが、この山に関わる縁起類の中で現存最古のものが『彦山流《る》記《き》』で、十三世紀初期の成立であるが、注意するべきは、『流記』が先行する縁起の抄出であり、先行縁起は常識的に平安時代に存在したことになる。そうすると、『流記』に収める主要伝承の原形は奈良時代末期から平安時代初期のころには成立していたと考えられる。

その冒頭に、甲寅《きのえとら》の歳《とし》、権現《ごんげん》（彦山の神、権現という言い方は後の本地垂迹説《ほんちすいじやくせつ》による）が、震《しん》旦《たん》国（中国）天台山の王子晋の旧跡より来航し、最初、香春神に宿を借りたいと申し出る。

香春神はこの場所が狭いことを理由に貸さなかった。権現は怒り、香春岳の樹木を引き取ったので山は荒れ磐石が露出したという。香春神はようやく三の岳の住処を譲ったので、権現はしばらくそこに居した後、彦山に移る。これが敏達《びだつ》天皇朝であったとしている。新たな神（権現）の渡来した甲寅年がいつなのか問題であるが、ここに、彦山権現と香春神との関わりを語っていることが重要である。

『彦山流記』やさらに後の成立である『彦山縁起』にみる当山開創伝承は、修験道の山として語ることを目的としており、仏教・道教などの思想が錯綜している。しかし、その原形を考え、この山での初期の修行者として著名な法蓮（詳細は次章で扱う）の行状などからして、きわめて道教色の強い仏教修行（弥勒信仰を中心とした）の場であったと考えられる。香春は新羅神の信仰の場であったのに対して彦山は新羅的仏教修行の場であるという、興味深い関係にあったようだ。

東進と各地の「辛国」

香春に住みついた新羅系渡来集団は、採銅・造寺・造瓦などの技術をもって活動したようであるが、しだいに居住範囲を東に拡大していく。そのことは文献史料や遺跡・遺物によって確認することができる。まず、中国の正史『隋書』倭国伝（巻八十一・列伝第四十六）

に興味深い記事がある。小野妹子を遣隋使として派遣した大業三年（六〇七年）の翌年のことで、妹子の帰国と一緒に隋の答礼使裴世清《はいせいせい》が来朝したときの記事である。百済から九州に上陸した一行は「竹斯国」（筑紫国と考えられる）に至り、さらにその東に「秦王国」があると記している。

つまり、七世紀初期の段階で、多くの渡来人が豊前地域に住み、彼らは秦《はた》氏および秦系諸族であったことから「秦王国」と表現されたものと考えられる。これは、先に述べた香春に住みついた新羅系渡来集団が、居住地域を東に拡大させたことを物語るものであろう。

香春からの東進は周防灘《すおうなだ》沿岸に向けての進出であり、五世紀半ばころの動きであったと考えられる。この動きをさらに裏づけるものとして、『正倉院文書』に収まる大宝二年（七〇二年）作成の戸籍が豊前国のものとして三つある。これによると、「豊前国上三毛郡塔里太宝二年籍」には百二十九名の人名中、「秦部」六十三名・勝《すぐり》姓五名が、「豊前国上三毛郡加目《（白カ）》久也里太宝二年籍」には七十四名中、「秦部」二十六名・勝姓二十八名が、「豊前国中津郡丁里太宝二年籍」には四百八十名中、「秦部」二百三十九名・勝姓百六十七名が、それぞれにみられ、新羅系渡来集団の東進と彼らが秦氏および秦系諸族であったことがうかがわれよう。

その他、有明海から九州を横断して周防灘に出る古代豊前路があり、この地域には朝鮮半島と関連をもつ遺跡・遺物の集中することが指摘されている。その一は装飾古墳の存在であり、二は新羅系瓦が出土する古代寺院址（嘉穂《かほ》郡の大分廃寺址、田川郡の天台廃寺址、京都《みやこ》郡の椿市廃寺址、築上《ちくじょう》郡の垂水廃寺址など）の存在も重視しなければならない。

香春に住みついた新羅系渡来集団は「新羅国神」（香春神）を奉祀したが、その東進により豊前国内の各地において、この神の系統を引く神が奉祀されたと考えられよう。

ここで先に引いた『託宣集』巻三・巻五の記事を考える段階に至った。特に「辛国《からくに》の城」と「八流の幡《はた》」が問題であろう。八幡神の成立に触れるとき、巻三・巻五のこの記事を引いて云々されることの多いのに対し、具体的に「辛国の城」とはどこを指すのか、「八流の幡」とは何を意味するのかを、考究したものは意外に少ない。これをもってしても、この一文がいかに都合のよいように引用されているかを、うかがい知ることができよう。

まず、「辛国の城」について考えていく。「辛国」は「韓国」であり、朝鮮半島から渡来した人々の居住する地であることはいうまでもない。問題は「城」である。戦闘施設としての城なのか、辞書類に見られる戦闘施設以外の「国、郡」など、つまり地域を指す意味なのか、これを見きわめることが重要であろう。研究者の説にも二系統が存在し、戦闘施設の城とする説では、次章で扱う隼人《はやと》征伐に結びつけ、日向《ひゅうが》（あるいは大隅）の辛国の城とされ、そうでない説では豊前の辛国として考える。この点を詳細に述べれば長くなり複雑となるので省略するが（拙著『八幡宮寺成立史の研究』第二編第一章参照）、前者には無理があり後者が自然で妥当性をもつ。

要するに、「辛国の城」は、香春から周防灘にかけて新羅系渡来集団の東進した地域や、さらに後に述べるが、その中の一部の人たちが宇佐郡の駅館川左岸（西岸、地図1参照）にまで到達し住みつき、そこを辛国と称したまでの範囲をさす。つまり、駅館川以西の豊前各地域の、新羅系渡来の人々が多く住む所であると解するべきであろう。したがって、辛国は一ヵ所ではなく、これらの地域には何ヵ所もあったと考えられる。

「ヤハタ」神の祭祀

もう一つの問題である「八流の幡」に移ろう。「八流の幡と天降って」とあるように、新羅神の降臨（実は勧請《かんじょう》）は「八流の幡」を伴うというわけであるが、問題はこの「幡」を何と解するかにある。これに対して、密教の不動安鎮《あんちん》法で用いる幡だとする説、道教研究家から出された「四表八幡」（中国三国時代の名将諸葛孔明《しょかっこうめい》の作った『八陣図』を、唐の太宗のとき演劇化したものとして破陣楽舞ができた。ここでは軍陣を構えるさいに、先頭に「四表」〈鉾〉を用い、後方に八本の旗〈幡、長方形〉を用いる）から出たとする説がある。

これらの説は内容的にまことしやかなものをもつが、時代の上で合わない。不動安鎮法がわが国に伝わったのは平安初期であり、破陣楽舞の「四表八幡」ができるのも、太宗のときであるから七世紀であって、いま問題としているのは五世紀・六世紀である。

ここで必要なことは、新羅神が降臨するという場面である。「八流の幡が降りて、八幡が日本の神として出現した」と解釈している人もいるが、天空から幡が降りるわけはなく、降臨すると信じられていたのは神である。つまり、宗教的に考えなければならないということであろう。

新羅においては仏教と道教の融合が進み、独特な宗教となっていた。したがって、そこには仏教・道教のいずれにあっても重視される「八」という数字への強い意識が伴うのは当然であろう。ここでは不動安鎮法にこだわることなく、単に仏教的な幡と受け取ることが自然であり、「八流の幡と天降って」と表現されたのは新羅神の祭祀方法であったことを重視するべきである。祭場の広場に八流の幡を立て（幡を依代《よりしろ》として）巫覡《ふげき》（巫は女のみこ、覡は男のみこ）が神の降臨を仰ぎ、祭祀がとりおこなわれたと解するべきであろう。したがって、新羅神は「ヤハタ」神として受けとめられたのである。

香春から周防灘にかけて新羅系渡来集団が東進した地域の旧地名（現地名はかなり変化し

ているが旧地名をたどると）は、相当に示唆的である。赤幡・広幡・幡野・綾幡など幡のつく地名が、それも旧築城《ついき》郡（明治二十九年〈一八九六年〉に上毛郡と合併して築上郡となる）の城井《きい》川中下流域に集中して存在する。これらは西南方の山地を出て東方の周防灘までの、山際から平地にかけての分布であり、新羅系渡来集団の東進にあって、最初の中心がこのあたりにあったことを示唆している。

幡字のついた地名が集中していることは、「ヤハタ」神の祭祀がおこなわれた所と考えられよう。祭祀の場にはやがて社《やしろ》の出現をみたことがうかがわれる（社といっても、当初は社殿なき社であり、後に社殿が建立される）。諸文献に、赤幡社・広幡社・幡野三社・綾幡社（後の矢幡八幡宮、現金富神社）などとみえる。

駅館川西岸と稲積山

新羅系渡来集団の東進は、やがて山国《やまくに》川（現福岡県と大分県の県境をなす）を渡る。渡った所の高瀬（現大分県中津市高瀬）に矢幡八幡宮（官幣社《かんぺいしゃ》）があり、先述の綾幡の矢幡八幡宮と同様の意味をもつ。彼らの中から秦系辛嶋《からしま》氏がさらに東進し宇佐郡に到達、駅館《やっかん》川左岸（西岸）の地（地図1参照）に住みつき、ここを「辛国」とした。この地は後に「辛嶋郷」となる。辛嶋氏の宇佐郡進出は五世紀末と考えられ、これが彼らの東進の最終段階であった

写真7　稲積山

といえよう。

宇佐関係の縁起類中最古のものである『宇佐八幡宮弥勒寺建立縁起』にみる辛嶋氏系伝承（この縁起には大神《おおが》氏系伝承と辛嶋氏系伝承の二種類が収められている——詳細は後述）の冒頭に、「大神《おおみかみ》は、初め天国排《あめくにおし》開広庭天皇《はらきひろにわのすめらみこと》（欽明天皇）の御世《みよ》に宇佐郡辛国宇《う》豆《ずの》高島に天降坐《あまくだります》」とある。注目するべきは、天降った所である「宇佐郡辛国宇豆高島」とはどこであるかということであろう。これには誤解した説や意図的に曲解された説もあるが、長くなるので省略する（拙著『八幡宮寺成立史の研究』第二編第一章参照）。要は自然に解釈するべきである。

つまり、「宇豆」については辞書類に明らかなように、「うず」は「珍」であり、貴くすぐれていること、貴く立派であること、高貴で美しいこと、尊厳なること、などの意味である。「高」は文字通りの解釈とするべきで、「島」はコラム1で述べたように山と解するべきであろう。つまり、「宇佐郡辛国宇豆高島」とは「宇佐郡の辛国にある尊く立派な（美しい）高い山」という意味なのである。

だとすると、この地域でもっとも印象的かつ象徴的な山といえば稲積山（四〇六メートル、**写真7・地図4**参照）しかない。本書の「はじめに」で、日豊本線の車窓に展開する山姿について記したが、稲積山について『太宰管内志』の文を引いて述べたあと、「この光景を楽しめるのはほんの一瞬である」と記しておいた。稲積山がもっとも美しい姿に見える地域は限定される。それは駅館《やっかん》川左岸（西岸）の辛嶋氏の居住域、つまり「宇佐郡辛国」に限定されるのであり、稲積山はまさに「宇佐郡辛国宇豆高島」なのである。

稲積山の美しい姿に、宇佐郡辛国の人たちが、ここにみずから奉じる神が降臨したと考えたのはきわめて自然であった。稲積山に降臨したという「大御神」は、いうまでもなく「辛国」の神、新羅神（「ヤハタ」神）であり、これを麓の辛国各地に迎え降すにさいし、先述のように八流の幡を立てて祭祀がとりおこなわれたと考えられる。

祭祀の場で活躍する巫覡（あるいは日子山などの修行者）の呪力は中央政府にも聞こえていたようである。中央の文献に彼らを称して、「豊国奇巫《とよのくにのあやしきかんなぎ》」（『新撰姓氏録《しんせんしょうじろく》』第二十巻）・「豊国法師《とよのくにのほっし》」（『日本書紀』用明天皇二年四月二日条）と記している。前者は雄略天皇の、後者

地図4　宇佐市中西部地形図

は用明天皇の、御病にさいして呼ばれていることが共通しており、彼らは「毉《い》」術（巫覡がお祈りして病気を治す術）をもっていたのである。同様のものを、両文献が異なる表現をした可能性が強い。

秦系辛嶋氏が宇佐郡に進出し駅館川左岸に定着するには、地元の豪族宇佐氏との間に多少の抗争があったと予想されるが、どうやら宇佐氏の御許山信仰をも吸収して、独特な宗教的風土を形成したと考えられる。「大御神」（新羅神＝「ヤハタ」神）が「宇佐郡辛国宇豆高島」（稲積山）に天降ったということは、当時日本の祭祀形態である神体山信仰を取り入れているということであり、定着化をめざす辛嶋氏の祭祀形態に、日本化の動きがあったことを物語るものとして注目される。

宇佐平野の動向

宇佐氏は六世紀半ばまでに急速に衰微し、宇佐平野から姿を消したようである。駅館川東岸の宇佐台地上にある川部・高森古墳群（地図4参照）は、宇佐国造一族の墓域であり、六基の前方後円墳はその首長墓とみられている。しかし、六世紀中ごろの築造とされる鶴見古墳を最後に、これに匹敵する古墳がこの地域より姿を消す。

また、六世紀の九州といえば、ただちに想起されるものが筑紫国造《つくしのくにのみやつこ》磐井《いわい》の乱であろう。『日本書紀』によると継体《けいたい》天皇二十一年（五二七年）から翌年にかけて、磐井は火国《ひのくに》（肥前・肥後）および豊国《とよのくに》（豊前・豊後《ぶんご》）をおさえて乱を起こしたという。宇佐国造もこれに荷担して破れ、著しく衰微したと考えられる。

『書紀』同条によると、磐井は翌年十一月、大将軍物部麁鹿火《もののべのあらかひ》と戦い御井郡《みいのこおり》で敗死するが、磐井の子、筑紫君葛子《くずこ》は父の罪に連座して誅《ちゅう》せられる（滅ぼされる）ことを恐れ、糟屋《かすやの》屯倉《みやけ》を献じ死罪をまぬがれたとあり、筑紫君は以後も存続する。また、安閑《あんかん》天皇二年（五三五年）五月条によれば、筑紫君の旧領を包囲するかのように八ヵ所の屯倉が設置され、磐井に荷担した火（肥）君も存続した。しかし、宇佐国造についてはさだかでない。したがって、この段階で宇佐氏滅亡を考える説もある。しかし、戦乱に破れた氏族（支族も含めて）の完全なる絶滅を考えることの方が難しいのではなかろうか。乱を境に宇佐国造は急速に衰微したことは間違いない。むしろ、国造家本流は跡絶えた可能性も強い。わずかな残存一族や傍系支族が数ヵ所の奥地に隠棲したとみるのが妥当であろう（なぜならば、後の宇佐一族の動向と関連して考えるべきだからである。次章参照）。

宇佐氏が去った後の六世紀後半と考えられる時期、この地に入ってくるのが大神《おおが》氏であり、宇佐の平野は、駅館川を境として、東に大神氏、西に辛嶋氏が居することになった。

ここで、大神氏について述べておく必要があろう。本来、大神《おおみわ》氏は大和において重要な位置をしめる三輪山の神を奉斎《ほうさい》する古来の名族である。奈良時代以前の大神（大三輪）氏は皇室と深い関わりをもち、大化改新後の律令国家においては官人の世界にも進出し、その同族の分布は広範囲に及んだ。大和では宗族《そうぞく》大三輪氏の奉斎する大神神社《おおみわじんじゃ》の他に、城上郡《しきのかみ》・添上郡《そうのかみ》・宇陀郡に分布し、大和以外について、東国方面は常陸・上野《こうずけ》・下野《しもつけ》・越後まで、西国方面に関して、山陰道では丹後・但馬・伯耆《ほうき》・出雲に、山陽道では播磨・美作《みまさか》・備前・備中・備後・周防・長門に、南海道では阿波に、西海道では筑前・筑後・豊前・豊後に及ぶという。

八幡神の顕現に関する二系統の伝承

宇佐に入住した大神氏（これが大和の宗族大神氏であるのか、北部九州に分布する大神氏であるのかは、後で考えよう）は、辛嶋氏を圧し、服属させたとみられる。『宇佐八幡宮弥勒寺建立縁起』には、八幡神の顕現《けんげん》について、系統を異にする二つの伝承を収めている。それをまず示そう。

①は冒頭に記すもので、「大御神は、これ品太天皇《ほんだのすめらみこと》（応神天皇）の御霊なり」とし、欽明天皇の御世に豊前国宇佐郡御許山（馬城嶺《まきみね》ともいう）に顕現した。これを大神比義《おおがのひぎ》（なみよしとも読む）が戊子年《つちのえねのとし》に鷹居社《たかいのやしろ》を建てて祀り、みずから祝《はふり》（古くは祭祀に従事し

た人をさす。後には禰宜《ねぎ》の次位で祭祀などに従った人をいう。ここでは前者の意）となる。その後、小椋山《おぐらやま》の社《やしろ》に遷座《せんざ》（神を遷《うつ》すこと）するという。

②は①の次に記されているもので少々長い。まず「一に曰く」として、先項で引用した「大神《おおみかみ》は、初め天国排開広庭天皇《あめくにおしはらきひろにわのすめらみこと》（欽明天皇）の御世に宇佐郡辛国宇豆《うずの》高島に天《あま》降坐《くだります》」とあり、続いて「大和国膽吹嶺《いぶきのみね》」に移り、さらに「紀伊国名草海嶋」に移り、次に「吉備宮神島」に移り、再び豊前国にもどり宇佐郡馬城嶺（御許山）に顕現した。この後、大御神は「比志方荒城潮辺《ひしがたあらきしおべ》」（現乙咩《おとめ》社の地）に移り、ここで辛嶋勝乙目《からしまのすぐりおとめ》が参向し、ひざまずいて大御神の命を待ったところ、託宣があって奉仕を請《こ》われたという。ここで再び「一に曰く」として、次に現泉社の地に移り、泉水を掘って口手足など洗浴され、「豊前国特坐神崇志津比咩神《ぶぜんのくにもとよりいますかみたかしつひめのかみ》」がこの地の泉水で造った酒を大御神に奉った（これにより後にいう酒井泉社の呼称も起こったという）。次に現瀬社の地（あるいは郡瀬社ともいう）に移り、さらに鷹居社に移る。ここで大御神は鷹と化し、御心も荒々しく「五人行三人殺二人生、十人行五人殺五人生給」という状態であった。これを受けて、乙目が崇峻《すしゅん》天皇三年（五九〇年）より同五年までの三年間、懸命に祈禱した結果、大御神の御心が和《なご》んだので鷹居社に社殿を建て、乙目が祝《はふり》、辛嶋勝意布売《からしまのすぐりいふめ》が禰宜《ねぎ》（古くは祭祀に従事する人をさし、後には神主の下、祝の上に位するが、ここでは前者の意）と

なって奉斎した。天智天皇の御世、鷹居社より小山田社に移り、次の禰宜辛嶋勝波《からしまのすぐりは》豆米《つめ》が社殿を建てて奉斎した。元正天皇の養老四年（七二〇年）、大隅・日向両国の隼人の反乱を征伐、大御神は波豆米に託宣して言った。隼人らを多く殺した報《むく》いとして、毎年放生会《ほうじょうえ》をおこなうように。また、大御神は波豆米に託宣した。いま、われがいる小山田の地は狭いので小椋山に移りたいと。聖武天皇の御世の神亀二年（七二五年）正月二十七日、小椋山を切り開いて社殿を建立、大御神を移し奉った。

①と②は興味深い対照を示していることがおわかりになると思う。これは現存最古の伝承であるので、特に注意を要する。まず①の伝承について考えると、一見して明らかなように、きわめて簡潔である。原文では文末に、弘仁六年（八一五年）十二月十日、神主大神清麻呂の解状《げじょう》（所管の官司へ上申する文書）によるという割注がついており、この伝承が後の八幡宮三神職団（大神・宇佐・辛嶋各氏）の一である大神氏に伝わる伝承であったことが知られよう。ここにみられる内容上の特徴として、次の五つが指摘できる。

イ、八幡大神を「品太天皇」つまり応神天皇の御霊としていること。

ロ、その顕現の時期が欽明天皇朝であるとしていること。

ハ、顕現の場所が豊前国宇佐郡馬城嶺（御許山）としていること。したがって、突如馬城嶺に顕現したことになる。

ニ、これを大神比義が戊子年に鷹居社を建てて祀り、みずから祝となっていること。
ホ、鷹居社から小椋山の社殿に遷座していること。
これには、三神職団中他の二氏の名はまったく出ず大神氏のみが登場することをもってしても、この伝承が大神氏系のものであったことが明確となる。五つの特徴がそれぞれに大きな意味をもつことは、②の伝承と対比するとき、明らかになっていくであろう。
②について、最初の「一に曰く」の部分は、原文末の割注に「辛嶋勝家主解状」の詞によるとあり、二度目の「一に曰く」以下は文頭の傍注に弘仁五年（八一四年）二月二十三日の符（上級の官司より直属の被官に下す文書）の詞によるとしている。前者から後者へは内容的に連続しており、以下に述べる内容上の特徴からして、辛嶋氏に伝わる伝承であることが明確である。その特徴として次の六つを指摘することができる。
A、内容が詳細であり、かつ具体的である。
B、大御神（先述のように新羅神＝「ヤハタ」神）が欽明天皇朝に宇佐郡辛国宇豆高島に天降り、その後、大和国膽吹嶺――紀伊国名草海嶋――吉備宮神島――豊前国宇佐郡馬城嶺（御許山）という神幸（神の巡幸）を伴っていること。
C、馬城嶺に顕現後、比志方荒城潮辺――現泉社の地――現瀬社の地――現鷹居社の地と、再び神幸していること。

D、二度目の神幸の間、大御神の祝や禰宜として奉斎したのは辛嶋勝乙目、同意布売、同波豆米といった辛嶋氏の巫女であること。ここにまったく大神氏は登場しない。

E、現泉社の地において、「豊前国特坐神」である崇志津比咩神が大御神に酒を奉っていること。

F、大御神が鷹居社に坐すとき、その御心荒々しく、「五人行三人殺二人生、十人行五人殺五人生給」と恐しい記載がみられること。

以上の①②を比較検討することによって、八幡宮がどのように成立したかが浮かび上ってくる。項を改めて述べよう。

応神霊の付与

八幡神に関する伝承中、現存最古と考えられるものが先項で紹介したものである。しかも、そこには大神氏系と辛嶋氏系の二系統の伝承が併記されており、ことのほか興味深い。

大神氏系伝承つまり①では、八幡神は応神天皇霊であり、欽明天皇朝に突如宇佐郡馬城嶺(御許山)に顕現、それを大神比義が鷹居社を建て、祝となって奉斎したことのみを記す簡潔なものであった。要するに、大神氏系伝承は結論的なことのみを記し伝える。

一方、辛嶋氏系伝承つまり②は詳細にして具体的であり、簡潔な①には書きえないさまざまな裏面の動向を反映させながら、記しているところに特徴がある。しかもその内容は、鷹居社創祀に至るまでの部分が神幸のくり返しとなっており、八幡神の成立を考えるにあたり、辛嶋氏系伝承はもっとも重要な鍵を握っていると考えられるのである。

二つの神幸について、いま少し考える必要があるだろう。第一の神幸、つまり宇佐郡辛国宇豆高島（稲積山）に天降った神（新羅神＝「ヤハタ」神）が、大和国膽吹嶺——紀伊国名草海嶋——吉備宮神島——豊前国宇佐郡馬城嶺（御許山）に至るものから取り上げる。

およそ神の巡幸（つまり神幸）には大きな意味が伴うものであり、これまでの研究者にはこの点が見落されている。この場合、宇佐郡辛国宇豆高島からいきなり大和に飛び、再び宇佐にもどってきているのであり、この間に何か重要なことが隠されていると考えなければならない。

ここで「大和国膽吹嶺《いぶきのみね》」とはどこであるかが問題である。現在の大和には「イブキ」という山名はない（近江国の伊吹山は知られているが、これではない）。『倭名類聚抄《わみようるいじゆうしよう》』（承平年間〈九三一〜九三八年〉に成立したわが国最初の分類体百科辞典）大和国宇陀《うだ》郡条に「伊福」という郷名があり、これを「以布久《いふく》」と読んでいることが参考となる。伊福郷は現奈良県宇陀市榛原《はいばら》町上井足《かみいだに》・下井足・福西付近に比定される。重視するべきは、初瀬（後に長谷山寺が創

写真８　福西地域から仰ぐ伊那佐山

立される）・宇陀の山地が大神《おおみわ》神社のある三輪山の奥地である（奥三輪ともいう）ということであろう。

　これらの地を詳細に踏査すると、旧伊福郷地域から信仰されたであろう神体山として伊那佐山《いなさやま》（六三七・二メートル、現山頂には式内都賀那伎《つがなぎ》神社がある。**写真８**参照）があり、これが「膽吹嶺」とみられる。『日本書紀』神武天皇即位前紀・『古事記』中巻神武天皇条のいわゆる東征伝承中の兄磯城《えしき》・弟磯城《おとしき》との交戦中に詠んだとされる歌にこの山が登場し、その中の「易喩者《いゆき》摩毛羅毗《まもらひ》」（『古事記』では「伊由岐麻毛良比《いゆきまもらひ》」）という語句が注目され、「イユキ」が「イブキ」に転じ、「イユキノ嶺」が「イブキの嶺」といわれたということも考えられよう（また、伊福という郷名から「イブキの嶺」と転じたことも考えられる）。

　伊那佐山のある宇陀市を中心に、隣接する桜井市初瀬の山中には大神氏の一族が群在していた。宇陀市で

写真9　神御子美牟須比（売）命神社

は、伊那佐山の東南方菟田野《うたの》町（現宇陀市菟田野区）に「大神《おおかみ》」字《あざ》宮ノ谷という地があり、北側山麓に式内「神御《みわのみ》子《こ》美《み》牟《む》須《す》比《ひ》（売《め》）命《みこと》神社」がある（写真9参照）。背後に山（六〇五・五メートル、山名は地形図にも記載がなく、地元の人も山名を呼んだことがなく知らぬという）があり、その南麓台地上に鳥居と拝殿のみがあって山を御神体として拝するという、まさに三輪型の神社であることが注目される。文献でも当地の大神氏の存在が確認できる。

また、同じ宇陀市の聖地室生山《むろう》（後に室生山寺が創立される）と赤埴《あかばね》氏の関係も注目される。この氏も大神氏の一族であることが文献で確認でき、室生山寺創立後、赤埴氏は南西の大平山（七一一・五メートル）の尾根が東にのびた摩尼山《まにさん》光明ケ岳の西南麓に移り、ここを「赤埴」と称し白岩神社を創祀する（赤埴氏が最初室生山の岩窟内に祀っていた須勢理姫命《すせりひめのみこと》をこの社に遷《うつ》して祀ったのである）。さらに桜井市初瀬の白河《しらが》の地（現長谷寺後方の初瀬山南中腹にあり、西には三輪山の尾根続きである巻向山《まきむくやま》〈五六七メートル〉を裏から仰ぐ）に式内「秉田《ひきた》神社」があり、ここにも大神氏系秉田氏の存在が確認できる。なお大神氏の存在は確認できないが、奈良市（旧山辺郡都祁《つげ》村）白石の雄雅《おが》神社も典型的な三輪型の神社である（以上の踏査考察の詳細は拙著『八幡宮寺成立史の研究』第二編第一章参照）。

このように、「大和国瞻吹嶺」を宇陀市の伊那佐山と推定したが、同時に宇陀市には大神氏の一族が群居しており、大神氏の奉斎した二つの神社がいずれも女神を祀っていることにも注意するべきである。その他にも付近に大神氏の存在や三輪型の信仰があるなど、三輪山奥地の山地は、三輪山の奥院的存在であり、三輪呪力の根源であったと考えられよう。

ここで話を辛嶋氏系伝承の第一の神幸にもどす。先に述べたが、大神氏系伝承つまり①では大御神が応神霊であると明記しており、八幡神の成立が、宇佐に育ちつつあった特異な宗教的地盤の上に、大神氏によって応神霊を付与されることにより実現したことを物語るであろう。この段階から八世紀半ば過ぎまでの八幡宮祭祀の実権は完全に大神氏の握るところであった。『建立縁起』の成立は平安時代初期であっても、その収める内容の大部分は奈良時代に成立していたと考えられよう。

大神氏全盛のもとで、辛嶋氏に有形無形の圧力が加わったことが推測される。ここに辛嶋氏が所持してきた伝承をいつまでも固持することは困難となったであろう。大神氏の伝承と同様のものにすることはできないが、辛嶋氏独自の伝承を維持しつつも、大神氏の意向に沿うような内容を付加することによって解決を図ろうと考えた。それが神幸伝承の付加であったといえよう。

つまり、辛嶋氏系伝承において、大御神は応神霊であるとは一切述べていない。このへんに辛嶋氏独自の伝承を維持しようとする苦心がうかがえよう。しかし、みずからの伝承を固持するだけでは大神氏からの圧力をかわすことができない。そこで大神氏ゆかりの地に神幸させ、応神霊を付与されたかに装ったものと考えられる。それが「大和国膽吹嶺」に至ったという形をとったのであろう。この場合、辛嶋氏が大御神を奉じて実際に巡行したか否かは問題でなく、このような神幸伝承を成立させ付加したところに意味がある。

第一の神幸後、大御神はまったく新たな神となって宇佐郡馬城嶺（御許山）に再顕現する。これが八幡神で、その後宇佐郡内を小神幸する（第二の神幸）。特に現乙咩《おとめ》社の地から現瀬社の地に至るまでの神幸は、すべて辛嶋氏の居住地（つまり宇佐郡辛国）であることは注目するべきである（地図4参照）。この小神幸は大神氏による〝八幡神示威の神幸〟と解することができよう。現乙咩社の地で辛嶋勝乙目がひざまずいて大御神の命を待ったり、現泉社の地において「豊前国特坐神崇志津比咩神」が大御神に酒を奉ったなどの話はこのことをよく象徴している。

要するに、宇佐郡小神幸は、大神氏による辛嶋氏服属化の最終段階を反映するものと把握できよう。その過程で時として大神氏への反抗もあったようで、それが現鷹居社の地における「五人行三人殺二人生、十人行五人殺五人生給」の表現となって伝わったと解される。この反抗が、辛嶋氏の一部の者によるのか、原初信仰の保持者である宇佐氏の残存者によるものか、にわかに判断はできないものの、いずれにしても、大神氏の動向に対する何程かの反抗があったことを示唆している。辛嶋氏系伝承に神幸伝承の付加を中心とした改作がなされた時期は、七世紀後半から八世紀初めのことと考えられる。

さて、応神霊の付与をめぐって、これまで研究者の間で、大神氏が大和から宇佐に入ったのか、九州北部の大神氏が宇佐に入ったのかが問題とされ、応神霊が本来どこに鎮《しず》まっていたのかについてはまったく取り上げられなかった。いわば問題の核心なしに議論されていたといえよう。応神霊が鎮まっていた所として、大和の三輪山以外に考えられるであろうか。最近は、特に地元の研究者の間で豊前大神氏が注目されているが、応神霊の付与

といった重要事が在地大神氏によってできるものではなかろう。中央の大神氏をもっては
じめて可能となる（在地大神氏がこれに協力したことは考えられる）。その時期は大神氏（大神比義は伝承化された人物と考える）が宇佐に入った時期、つまり六世紀末期であり、ここに八幡神が成立したのである。

鷹居社創祀

このようにして成立をみた八幡神が、初めて社《やしろ》に祀られた鷹居社《たかい》（現宇佐市上田・**写真10**参照）の出現について考えていこう。鷹居社の創祀・創建年代を文献に求めると、三つの説に出会う。それらを示すと、

A、欽明天皇二十九年（戊子・五六八年）説……先にみた①つまり大神氏系伝承その他。
B、崇峻天皇五年（壬子・五九二年）説……先にみた②つまり辛嶋氏系伝承その他。
C、和銅五年（壬子・七一二年）説……『八幡宇佐宮御託宣集』巻三その他。

となり、三説は大きく隔《へだ》たりをもつ。これをどのように考えればよいのであろうか。

寺院の成立を考える場合であれば、「創建」・「創立」・「建立」などの語があり、これらは堂宇が建てられ、本尊が安置されて、まさに寺院そのものの成立を意味する。

ところが神社、特に古社の場合、やっかいな問題があることを念頭に置かなければなら

写真10　鷹居社

ない。つまり、「顕現」（あるいは「始現」）・「創祀」・「社殿建立」はそれぞれ別となっていることが多い。「顕現」は神が初めて現われることであり、「創祀」はその神を初めてある場所に祀ることを意味する。したがって、「創祀」＝「社殿建立」とはならない。「創祀」がまずあって、その後時を経て「社殿建立」に至るのが古社の場合の通常である（第一章参照）。

これを踏まえて先の三説を考える。A説は大御神の顕現後すぐ鷹居の地に社殿を建立して祀ったことになり、自然ではない。特にその時期が欽明朝であるとするのは容認しがたい。なぜならば、欽明朝は他文献では八幡神顕現の時期であり、そこに創祀と社殿建立というすべての要素を重ね合わせていることは、後世の意図としか考えられないからである。

また、欽明朝顕現説（これにも欽明十二年・二十九年・三十二年の三説あり）自体疑わしい。なぜならば、八幡神の顕現は大神比義のなすところとなっており、その比義なる人物の伝承化は時の経過とともに著しく進み、伝承では五百歳もの長寿であったことになっている。結局、諸伝承や関連する史実から考えて、比義の宇佐での活動期は六世紀末期から七世紀前半であり、欽明朝顕現説が後世の仮託《かたく》（かこつけること）であることは明らかであろう。

このようにA説はおのずと退くことになり、どうやらB説とC説が生きるようである。ところが、この両説にも人為的な操作の跡を感じる。崇峻五年（壬子・五九二年）と和銅五年（壬子・七一二年）を並べてみると、いずれも干支が「壬子《みずのえね》」であり、その間の隔たりは百二十年で干支二巡に相当する。B説はすでに②の文中でみたが、辛嶋勝乙目が崇峻三年（五九〇年）より同五年まで祈禱した結果、大御神の心が和したので社殿建立に至ったというが、その後の記事は大きな矛盾をきたしている。つまり、乙目が祝《はふり》、辛嶋勝意布売が禰宜《ねぎ》となって奉斎したという。二人が「同時」の語をもって結びつけられているが、『辛嶋氏系図』では、乙目が敏達朝から崇峻朝に位置づけられているのに対し、意布売については元明朝（七〇七〜七一五年）と注記され、明らかに後代の人である。したがって、しばらく保留する。

一方C説であるが、『託宣集』巻三では「初度造営」とあり、他の文献にもすべて初めて社殿を建立したという旨の記事がみられ、和銅五年が社殿建立の年であることを示している。また、他の古社における社殿建立の動向からみても矛盾を感じない。したがって、この年を鷹居社社殿建立年代としてさしつかえなかろう。

では、保留しておいたB説との関係はどうなるか。まず考えられることは、和銅五年から干支二巡さかのぼらせて設定された可能性が強いということであろう。しかし、先述した比義の宇佐での活動時期を重ね合わせて考えると、これはまったくの人為ではなさそうである。要するに、「五年」にこだわることなく、〝崇峻朝（五八八～五九二年）〟と解釈すれば首肯できる。つまり、敏達朝（五七二～五八五年）のある時期に八幡神を馬城嶺（御許山）に顕現させ、崇峻朝のある時期に鷹居の地に創祀して、和銅五年に社殿を初めて建立したとみるのが妥当であろう。

鷹居社の出現は大きな意味をもつ。①②では「鷹居社」とあったが、『託宣集』や『大神氏系図』・『宇佐宮大神氏系図』をはじめとする諸文献には「鷹居瀬社」と記されていることも多い。これは駅館川を挟んだ左岸（辛嶋氏の居住域）の瀬社と右岸（大神氏の居住域）の鷹居社（地図1参照）との合併社名である。ここに、大神氏による辛嶋氏の服従・協力化が成功をみたのであった。鷹居社創祀は、「鷹居瀬社」という合併社名を一方で用いるとともに、大神・辛嶋両氏による合同祭祀が成立したことを意味していると解されよう。これを物語るかのような所伝が『託宣集』巻五に収められている。

日本の神と成れり

本章で述べたことを要約しよう。

宇佐における原初信仰として宇佐氏を中心に御許山の神体山信仰がおこなわれていた。

一方、北部九州では渡来人の来着がしばしばあり、中でも新羅系渡来集団が香春《かわら》に新羅国神を祀った（五世紀初めのころか）。彼らはその後東進を続け各地に「辛国」を形成し、新羅神（香春神＝「ヤハタ」神）の祭祀をおこなった。彼らは秦氏または秦系氏族であり、さながら「秦王国」を形成していた。彼らの奉ずる神は道教と仏教が融合したもので、その司祭者たちはきわめて強い呪力をもち、「豊国 奇 巫《あやしきかんなぎ》」・「豊国法師」として中央にも知られていた。彼らの東進の最終段階として、秦系辛嶋氏が宇佐郡の駅館川左岸（西岸）に到達し定着した。「宇佐郡辛国」の成立である（五世紀末か）。

辛嶋氏は宇佐氏の神体山信仰をも取りこみ、「宇佐郡辛国宇豆高島」（稲積山）に彼らの奉ずる神（新羅神）を降臨させ、特異な宗教的風土を形成しつつあった。

六世紀後半には急速に衰退し宇佐平野を去った宇佐氏に代わって、駅館川右岸（東岸）

に入住した大神氏が、その特異な宗教基盤に応神霊を付与した。ここに八幡神が成立したのである。

八幡神はまず馬城嶺（御許山）に顕現（敏達朝）し、やがて鷹居の地に創祀（崇峻朝）され（社殿の建立は和銅五年）、大神・辛嶋両氏による合同祭祀が実現した。

本章第三項「新羅国神を香春に祀る」で引いた「辛国の城に、始て八流の幡と天降って、吾は日本の神と成れり」（『託宣集』巻三・巻五）という著名な一文は、新羅国神が日本の神としての八幡神となるまでのあり様を、端的に示したものであることが理解できよう。

【コラム5　ウサツヒコとウサツヒメ】

宇佐における原初信仰が御許山の神体山信仰であったことを述べたが、その中で宇佐神話が成立していたことに若干触れた。これについてもう少し詳しく述べておこう。

宇佐神話が最終的な形でわれわれの眼前に登場するのは、『古事記』・『日本書紀』・『先代《せんだい》旧事本紀《くじほんぎ》』（平安初期の成立）の記事である。

まず『書紀』巻一・神代上にみる天真名井《あめのまない》の約誓《うけひ》の条における第三の一書（一書の意味は

本文で注記した）に次のような記事がみられる。天照大神が素戔嗚尊《すさのおのみこと》と天安河《あめのやすかわ》をはさんで約誓して、「お前に悪い心がないならば、お前の生む子は必ず男であろう。もし男子を生んだら、私の子として高天原《たかまのはら》を治めさせよう」といい、まず天照大神が、十握剣《とつかのつるぎ》・九握剣《ここのつかのつるぎ》・八握剣《やつかのつるぎ》を次々に食べ、三柱《みはしら》の女神を生んだ（三女神の名は本文で記したので省略）。次に素戔嗚尊がいろいろなしぐさの中から六柱《むはしら》の男神（神名は省略）を生む。天照大神は六男神に高天原を治めさせ、三女神を「葦原中国《あしはらのなかつくに》の宇佐嶋」に降臨させた。宇佐嶋は宇佐の御許山を指すことは本文で述べた通り。

そして同じく『書紀』神武天皇即位前紀甲寅年《きのえとらのとし》条には次のように記す。神日本磐余彦尊《かむやまといわれひこのみこと》（後の神武天皇）は、甲寅年の十月五日に、諸兄と舟軍《ふないくさ》を率いて東征のため日向《ひゅうが》を出発した。豊予海峡（現大分県の佐賀関半島と愛媛県の佐田岬半島が相接近する海峡）にさしかかったときに、一人の漁人《あま》が小舟に乗ってやってきた。磐余彦尊が呼びよせて名を聞くと、自分は土着の神で珍彦《うずひこ》と名のり、天神《あまつかみ》の御子がおいでになると聞いてお迎えに参上したという。磐余彦尊は漁人に椎竿《しいさお》を差出させ、つかまらせてみずからの舟に乗り移らせて水先案内とし、椎根津彦《しいねつひこ》という名を賜わった（これが後の倭直《やまとのあたえ》らの先祖である）。一行は筑紫国の菟狭《うさ》（宇佐）に着く。ときに菟狭国造《うさのくにのみやつこ》の先祖で菟狭津彦《うさつひこ》・菟狭津媛《うさつひめ》という者が出迎え、菟狭川（駅館川）上流に「一柱騰宮《あしひとつあがりのみや》」（川の中に片側を入れ、もう一方は川岸へかけて構えられた宮と考えられている）を造ってもてなした。このときに、菟狭津媛を侍臣の天種子命《あめのたねこのみこと》に娶《め》あわせたという。天種子命は後の中臣氏の先祖である。

この条で注目することが二つある。一に、菟狭津彦・菟狭津媛が「菟狭国造祖」となっていること。二に、菟狭津媛が天種子命に賜妻《めあわ》せられたということで、宇佐国造家が中臣氏との関係をもつに至ったと記している。以上、一連の『書紀』の記事を受けて『旧事本紀』（巻三・天神本紀）では、先述した天照大神の三女神を「天三降命《あめのみくだりのみこと》」と称し、「宇佐国造等祖」としており、同書巻十・国造本紀では、宇佐国造をして高魂尊《たかみむすびのみこと》の孫とも称している。

これらをみごとにまとめ上げたものが『宇佐八幡大宮司宇佐氏系図』である。その巻頭部分を示してみよう。

高魂尊―天三降命（天孫天降日向国之時　供奉依勅住菟狭川上奉斎　宇佐明神）
　├菟狭津彦命（神武天皇従日向国発幸到菟狭之時始補宇佐国造）―（以下略）
　└菟狭津姫命（同時勅嫁侍臣天種子命　後生宇佐都臣命）

要するに、天三降命が宇佐の川上に奉斎され「宇佐明神」と称されたということは、御許山の三巨石に結びついたことを意味していよう。そして、その裔《えい》（子孫）としての宇佐国造家がこの神を奉斎しているということになる。このような宇佐神話の成立（『書紀』や『旧事本紀』に記載されるに至ったこと）は、宇佐氏が大和政権下に編入されたことを意味する。素朴な神体山信仰がおこなわれてきた宇佐地方は、あくまでもそれを基盤にしながら、山頂の三巨石を天三降命、つまり天照大神の三女神と仰ぐようになっていった。

宇佐神話の成立について、天智朝以降の後代のものであり、それ以前の宇佐氏について考えることは意味がないとする説もある。たしかに、ここで紹介した『書紀』や『旧事本紀』にみられる宇佐神話は、後代における再編成の所産であろう。しかし、伝承というものは、ある時期に、すべてが考え出されるものではない。「ウサツヒコ」・「ウサツヒメ」の伝承そのものは、より素朴な形で古くから存在したと考えなければならない。

【コラム6 『建立縁起』と『託宣集』】

直接史料の少ない時代（特に古代）が対象となる場合、伝承の扱いが大きな位置を占めることになる。ところが、これまでの八幡神研究家の多くは、都合のよい立場から都合のよい伝承のみを取り上げて論じる傾向が強い。伝承は時の流れの中で少しずつ変化したり、新たな要素を加えて意図的に変形されたり、いくつもの系統を生むことが多い。どの時点での、どのような事情のもとに成立した伝承であるかを、じゅうぶんに踏まえた上での扱いが要求される。

八幡神を考える上でもっとも重要な文献は、本章で何度も引用した『宇佐八幡宮弥勒寺建立縁起』と『八幡宇佐宮御託宣集』であろう。前者は平安初期、後者は鎌倉末期の成立であり、成立事情も異なる。ここでもこれまでの論者は、都合よく、ある時は『建立縁起』にもとづき、ある時は『託宣集』にもとづいて論じることが多い。両文献にみられる伝承を比較検討して、より原形に近いものを重視するべきである（もちろん、いずれか一方にしかみられない記事の場合は論外である）。したがって、両文献についていささかの解説をしておこう。

まず『建立縁起』は、その末尾に承和十一年（八四四年）六月十七日の日付をもつ。現在に伝わる『建立縁起』は、十五世紀末に石清水八幡宮護国寺の検校法印大和尚位准法僧正奏清の書写によるもので、本文中の注釈の多くおよび返り点はこの時に付されたという。当縁起は、「大神朝臣《おおがのあそん》・宇佐公《うさのきみ》両氏を定めて大少宮司に任じ辛嶋勝《からしまのすぐり》氏をもって祝《はふり》禰宜《ねぎ》となす」（原漢文）という見出を立てた上で、これを説明づけるために、八幡神の顕現（これについては本文中で取り上げたように、大神氏系・辛嶋氏系の二系統の伝承を収めている）から説き始めて八幡宮寺の発展・充実の縁起を語る。その内容は、平安初期における八幡大菩薩のさらなる発展・充実（詳細は第六章参照）、大帯姫命《おおたらしひめのみこと》（神功皇后《じんぐう》）を加えて八幡宮社殿が三殿の形態を整えるところまでの縁起を扱う。当縁起中最後に登場する年代は天長十年（八三三年）であることも注意するべきであろう。

ところで、当縁起はその名称より、八幡宇佐宮の神宮寺である弥勒寺の縁起であるかの印象を与えるが、実際の内容は、八幡宇佐宮及び弥勒寺の縁起を不可分のものとして融合させて記しており、むしろ、〝八幡宇佐宮寺建立縁起〟と解釈する方がよい。承和十一年六月十七日の日付については疑問視する向きも多く、実際にはさらに降《くだ》るのではないかとされている。しかし、たとえ降るとしても大きくは降るまい。要するに、その収める内容は、平安初期までに存在した（ほとんどは奈良時代後半には存在した）ものであり、八幡神に関わる縁起類の中でもっとも古い形をとどめていることは、他の縁起類と比較すればおのずと明らかであろう。

次に『託宣集』について述べよう。『託宣集』は神吽《じんうん》の著にして、正応三年（一二九〇年）二月に起筆して彼が八十三歳となった正和二年（一三一三年）八月頃に稿了となった（第三巻序と第十六巻の跋《ばつ》〈あとがき〉によって知られる）。まさに鎌倉時代末期の成立である。著者の神吽は、寛喜二年（一二三〇年）、大神比義第二十一代の家に誕生し、出家して宇佐宮神宮寺の弥勒寺安門坊に住し、学僧として弥勒寺講代を勤めた。『託宣集』編纂中の徳治元年（一三〇六年）には学頭職（宇佐関係寺院の弥勒寺・中津尾寺・御許山・六郷山からなる四寺院を統合した機関の長）に補任されるなど、宇佐関係社僧の代表的地位にあったことが知られよう。彼は本書の編纂執筆に二十年以上におよぶ長年月を費して史料の収集と史実の考証をなしており、まさに生涯をかけた編纂執筆であったといえよう。本書は現在十六巻本として伝わるが、原型は現状の第一巻と第二巻を除く十四巻本であった可能性が強く、第一巻・第二巻は神吽の死（正和三年〈一三一四年〉）後のある時期（恐らく応永年間〈一三九四〜一四二八年〉ころまで）に、後人によって追補されたとみられている。

神吽は、本書編纂執筆の動機を第十六巻の跋において次のように述べている。源平の争乱にさいして、源氏についた豊後国の武士緒方惟栄《これよし》（惟義）・臼杵惟隆《これたか》などが、元暦元年（一一八四）七月、平氏方に組したとされる宇佐宮寺に乱入、神殿を破壊し、神宝を奪い去り、往古の文書・旧記も失わしめた。したがって、宮寺の流記《るき》（寺社の什宝《じゅうほう》および所領、資財などを記録したもの）も明らかにできかねている。当宮寺を信奉するさまざまな人から本来の由縁はどうなのかと尋ねられても、その場でじゅうぶんに説明できない状態にあると述べる。続けて、「孔子曰く。知りて言はざるは不可なり。知らずして言はざるは愚人なり。陰陽測らざるを神と謂《い》ふ。もっぱら旧記に依るなり。神吽愚人と雖《いえど》も、後代の為《ため》に、管見《かんけん》を以《もっ》て集記す。定めて違失有らんか。請《こ》ふ、故実の人、神と為《な》り、代りと為り、取捨《しゅしゃ》有るべきのみ」（原漢文）と、孔子の言を引いて述べている。

ここにみられる神吽の姿勢は、まことに慎重であり、謙虚である。つまり「集記」するとあるから、可能な限り各所に散在する旧記・古伝の類《たぐい》を集め、後人がこれを読んで正しいと思われるものを取捨選択してほしいとしている。このような準備と編纂執筆の姿勢で貫かれた本書の内容は、必然的にこの時点で存在した旧記・古伝の集大成に向かう。ことに顕現伝承はもっとも重要な部分であり、単に旧記・古伝を集めるだけでなく、三神職団（大神・宇佐・辛嶋各氏）のその後の盛衰とも関係して、融合・調和させ、集大成を試みることになっている。したがって、先述のように『建立縁起』など他文献との比較検討は必要不可欠となる。しかし一方で、他文献にはみられない多くの所伝も収められており、貴重である。

第四章　八幡神の発展と神仏習合

八幡神は託宣（神のお告げ）の神でもあるという。鷹居《たかい》社に創祀された後、その発展の各節目には必ず託宣が発せられる。最初のころは限られた範囲でのものであったが、やがてその託宣は天下を揺り動かすスケールの大きなものとなり、八幡神の驚異的な発展と不可分な関係を示し続ける。本章では八幡神発展の第一段階ともいうべき、奈良時代の様相をみていこう。

小山田遷座

『八幡宇佐宮御託宣集』巻五によると、霊亀二年（七一六年）、「此所《このところ》は路頭にして、往還の人無礼なり。此等《これら》を尤《とが》むれば、甚《はなは》だ愍《めぐ》し。小山田の林に移住せんと願ひ給ふ」との託宣があったという。鷹居の地が「路頭」にして往還の人々が無礼であるから小山田の地に遷《うつ》るとしているが、ここはむしろ、前章でとり上げた『宇佐八幡宮弥勒寺建立縁起』に大御神の御心が荒々しくなり、「五人行三人殺二人生、十人行五人殺五人生給」とあった伝承との関わりにおいて考えた方がよい。

鷹居の地は駅館《やっかん》川を挟んで西岸の辛嶋《からしま》氏の居住域に近接していた。大神《おおが》氏により応神霊を付与された新たな神（八幡神）に、当初抵抗する者がいたらしいことを反映した記事と

写真11　小山田社

みられる。この意味で、八幡神にとって居心地のよい場所ではなかったであろう。辛嶋勝乙目《すぐりおとめ》による三年間におよぶ祈禱の結果、ようやく大御神の心が和らいだというのは、この抵抗が治まったことを意味しよう。そこで、大神氏居住域の落ち着いた所へ移ろうということになったと解される。

とにもかくにも、霊亀二年、八幡神は小山田の地（現宇佐市北宇佐小山田）に遷座した（『建立縁起』には遷座年は記していない）。小山田社は御許山西北麓尾根の突端部丘陵上にあり（**地図1・写真11**参照）、大神氏にとっては、鷹居社に比して手の内に入った感があったであろう。小山田社に鎮座していた時期はわずか九年間であるが、この期間中に、八幡神が以後驚異的な発展を示す最初の基礎ができるのである。

隼人の反乱と八幡神軍

養老三年（七一九年）、大隅・日向両国の隼人が反乱を起こした。隼人の反乱は過去にもあるが、このときは特に激しかったという。『託宣集』巻五によると、翌四年、八幡神は「我行きて降伏すべし」と託宣を発した。豊前守《ぶぜんのかみ》として将軍に任ぜられた宇努首男人《うぬのおびとおひと》が官符を賜わって八幡神輿《しんよ》（みこし）をつくりつつあるとき、大神諸男《おおがのもろお》（大神比義の孫とされる）が何をもって八幡神の御験《みしるし》（姿なき神霊を物体に宿らせたもの）として神輿に載《の》せ奉るかと思案していた。

その結果、豊前国下毛郡《しもげのこおり》野仲郷（現中津市大字大貞）にある「勝境の林間の宝池は、大菩薩（八幡神のこと）御修行の昔、湧き出でしむる水なり」と気づき、ここに行って祈ろうと思って出向く（以下、この宝池、つまり三角池《みすみいけ》の状況について詳しい説明となるがここでは省略する。詳細はコラム7参照、**写真12**、**地図6**参照）。

三角池には「常随の者」（奉斎者）として宇佐池守《いけもり》がいた。諸男は池守からこの池の神秘を聞かされ、いよいよ信仰心を深め、「行幸の御験」を祈り申し上げると、雲中に大御神の声がして託宣を賜わった。「我れ昔此薦《このこも》を枕と為《な》し、百王守護の誓を発《おこ》しき。百王守護とは、凶賊を降伏すべきなり」と。

写真12　三角池と八面山

この教えに従い、諸男は三角池に群生する薦（真薦《まこも》）を刈り取り、別屋を造って七日間参籠《さんろう》（参りこもること）し、薦による枕を作成した（長さ一尺、径三寸）。将軍宇努首男人は、これを神輿に載せ奉り、禰宜《ねぎ》の辛嶋勝波豆米《すぐりはつめ》が「大御神の御杖人《みつえびと》（女官としての先導役）」として神輿の前に立って、かの両国に向けて出発した。このとき、彦山の権現《ごんげん》（第三章参照）および修行僧の法蓮（詳細は後述）、その弟子の華厳《けごん》・覚満《かくまん》・体能《たいのう》らも同行したという。この記述からすると、八幡神をおしたてての軍勢の出発であり、まさに八幡神軍の出発といえよう。

戦場におもむいた神軍の戦いぶりについて、『託宣集』はさらに続けて、「仏法よりは悪心を蕩《とろか》し、海水よりは竜頭を浮べ、地上よりは駒犬を走らし、虚空《こくう》よりは鷁首《げきす》を飛ばす。隼人等《ら》は大いに驚き、甚《はなは》だ惶《おそ》る。彼の両国の内に、七ケ所の城を構《かま》ふ。爰《ここ》に仏法僧宝の威を振《ふる》ひ、各大刀を施し、二十八部の衆を出し、細男《くわしお》（傀儡子《くぐつ》の舞）を舞はしむる刻《きざみ》、隼人等は興宴に依《よ》つて敵心を忘れ、城中より見出《い》でしむる時、先《ま》づ五ケ所の城（城名省略）の賊等を伐《き》り殺す」とある。

この記述から連想できることは、単なる神のしわざというより、八幡神の仏教・道教の融合された威力と法蓮らによる彦山での道教的仏教修行僧の呪力が総合されて、不思議なさまざまの験力《げんりょく》と芸能により、隼人を巧みにおびき出して滅ぼした様子であろう。この後、残る二ヵ所の城に拠る隼人は強力に抵抗したが、八幡神の託宣に励まされた神軍はついに平定を果たしたという。

隼人征伐について、『託宣集』は以上のように詳しく記述するが、『建立縁起』では「養老四年、大隅・日向の両国に征罰の事有り」と簡単に記すのみである。むしろ、同縁起は事後を重視して、大御神は波豆米に託宣して「隼人ら多く殺したる報《むくい》に、年ごとに放生《ほうじょう》会《え》を修すべし」と述べたとしている（『託宣集』では年ごとに二度としている）。

八幡神軍による隼人征伐は中央の歴史書には記載されていない。つまり、『続日本紀《しょくにほんぎ》』には隼人の反乱があったことと平定したことは記すが、八幡神が関与したことはまったく記されていない。しかし、数年後の八幡神に特別な処遇がなされることをもってして、この件の史実性が浮上するのである（詳細は後述する）。

宇佐氏の再興

鷹居社創祀から小山田遷座へ、八幡宮の基礎を少しずつ固めていたころ、祭祀の実権は大神氏の握るところであり、辛嶋氏がこれに服従協力していた。

一方、古来の地元豪族宇佐氏は、磐井《いわい》の乱に荷担して破れたと考えられ、急速に衰微して六世紀中ごろには宇佐平野から姿を消し、残存一族や傍系支族は数ヵ所の奥地に隠棲したとみた――以上、前章で述べたところであるが、その奥地として考えられる主な地は、安心院《あじむ》盆地と院内谷・屋形谷であろう。

安心院盆地（**地図5**参照）は、駅館川（宇佐川）上流に所在する盆地であり、妻垣山の比《ひ》売《め》神信仰を中心とした宇佐氏発祥の地と考えられ（前章参照）、ここに残存諸族が隠棲するのは当然のことであろう。後にこの地の中心氏族として活躍する安心院氏が宇佐氏であることは、宇佐氏諸系図でも確認できる。

次に院内谷（現宇佐市院内町、同じく**地図5**参照）であるが、駅館川は上流で分岐し、右手を恵良《えら》川という。この川に沿った谷が院内谷で、平地は川に沿ったわずかな部分しかなく、両岸には山々が迫り、枝谷がいくつもあって隠棲地として格好である。この地の最大の特色は、後に「宇佐君姓」を賜わる法蓮（詳細は次項で扱う）関係の伝承が集中して存在することであろう。個々の伝承の史実性には疑問も多いものの、院内谷にこれほど集中的

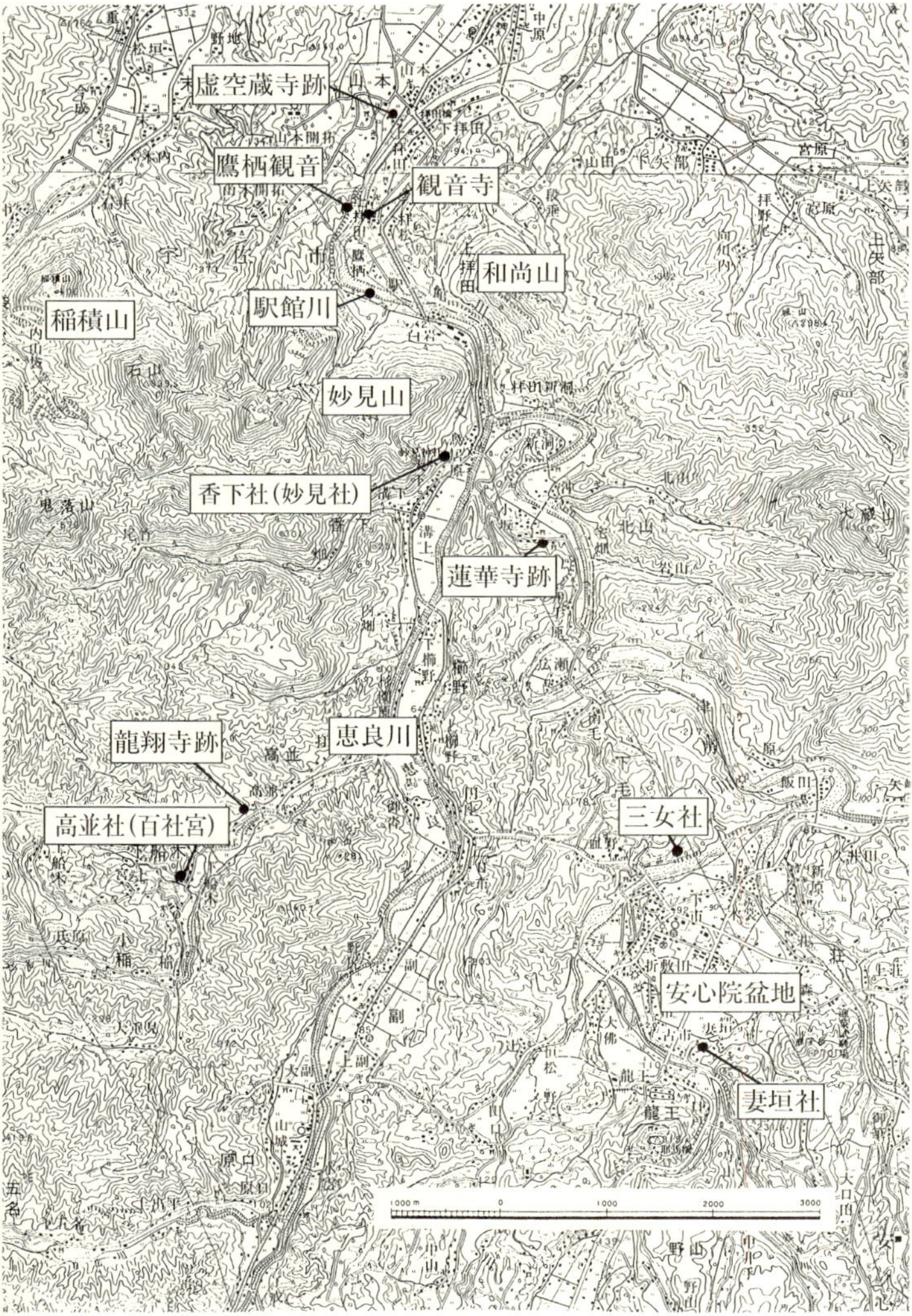

地図５　山本・拝田から院内・安心院地域

に法蓮伝承が存在することを重視するべきであろう。すなわち、この谷に、これらの伝承を保有し、信仰にまで高めていた人々が、少なからず存在したということである。

続いて屋形谷（地図6・写真13参照）に注目しよう。ここは現宇佐市の西隣、中津市本耶《ほんや》馬渓《ばけい》町に属する。宇佐市との境をなす地蔵峠・桜峠に源を発する屋形川に沿った谷間で、川は西屋形・東屋形・今行《いまゆく》・下屋形の集落を流れて山国川に合流する。この谷は八面山の南麓に当り、北の中津市街や三光地区から仰ぐ八面山の山姿とは相当異なり、多くの巨石や岩肌の露出する急峻な谷である。これまた隠棲の地として格好であり、宇佐残存諸族が移り住み、これがしだいに力を養い、鎌倉時代末期ころに屋形氏を名のったという（『文書目録弁屋形氏系譜写』）。

以上の三ヵ所を中心に、残存諸族とその子孫の苦しい隠棲生活が続いたことであろう。しかし、百年以上も経過する中で、しだいに力を養った者たちもいたであろうし、彼らを取り巻く環境も微妙に変化する。その中で宇佐氏再興への地歩もしだいに固まっていく。再興の動向中、鍵となる人物として佐知翁（宇佐池守）と法蓮が注目される。いずれも多くは伝承の中にあるが、その伝承を冷静に見つめていくとき、実態が浮上するであろう。

また、再興の基礎となった舞台は旧下毛郡（現中津市）が中心となることも興味深い。特に屋形谷に居した一族の動きが著しかったようである。地図6を参照しても大方の見

地図６　八面山と北麓地域および屋形谷

当がつくと思うが、ここで力をつけた者は必然的に屋形川に沿って下流へ移動することになる（もちろんすべての者ではないが）。下屋形を過ぎれば川は山国川に合流し、さらに下流に向うと佐知（現中津市三光佐知）という、やや独立性をもった平地が広がる。ここに進出してくるのは自然な成り行きとして解されよう（この動きは後の屋形氏関係文書で確認できる）。この地に根をおろした一族がやがて佐知氏と名のることになった。山国川東岸沿いの古い自然堤防上に、縄文時代から中世にかけての住居遺跡として佐知遺跡があり、あるいは佐知氏との関係も示唆するものであろうか。

写真13　屋形谷

佐知氏の頭首を「佐知翁」と称し（これは何代にもわたる称であったと考えられる）、旧下毛地域を代表する実力を有したようである。『託宣集』巻十四に面白い伝承がみられる。詳しい内容は省くが、下毛郡野仲郷に宇佐池守翁がいて年三百歳、東の宇佐には大神比義翁がいて年五百歳、その東の日足浦《ひあしうら》には大神波知翁がいて年八百歳とある。また「或記云」として、下毛郡の佐知翁年二百歳、宇佐の大神比義翁年五百歳とみえる。しかも、著者の神吽《じんうん》は佐知翁をして池守のことかと注記している。その通りであると考えられよう。また『秋吉系図』（秋吉も宇佐氏一統）でも佐知翁は宇佐池守であるとしている。ただし、ここにみる「宇佐池守」を後述の「宇佐公池守」と混同してはならない。

現実的には考えられない高年齢はさておき、右の伝承で注目するべきは、「翁」の表現をもってする有力者が、東の宇佐には大神氏、西の下毛には佐知氏（宇佐氏）のあったことを暗示し、しかも佐知翁は宇佐池守であるとしていることであろう。

池守とは前項で触れたように、下毛郡野仲郷大貞に所在する聖地三角池の奉斎者のことであった。八面山北麓の地域（**地図6**参照）では、山頂の磐座《いわくら》に宿る神を各所の里宮に降ろし迎えて祀った（神体山信仰としての八面山信仰）。それら里宮祭祀の代表的なものが大貞の三角池であった（詳細はコラム7参照）。この聖地に奉斎し、聖地を護るのが池守である。池守は二百歳、三百歳、あるいは五百歳と諸文献に散見するが、これは「池守」が一人ではなく、何代にもわたって存在したことを意味する。つまり、先述の「佐知翁」が何代にもわたる称であったことと重複するもので、いいかえれば、何代にもわたって「佐知翁」が「池守」として三角池に奉斎したのである。

要するに、以上の伝承や地形の考察を踏まえて考えると、屋形――佐知――佐知翁＝宇佐池守――三角池の線が明確に描き出され、しかも、佐知翁＝宇佐池守は何代にも及ぶもので、その勢力は時とともに盛んとなり、東の大神氏も無視できない存在になりつつあったと考えられよう。

しかも大神氏は、かつて宇佐氏が御許山の神体山信仰をおこなっていたその場所に、八幡宮祭祀の実権掌握者として居するのである。大神氏として、したたかに再興してきた宇佐氏と提携することは賢明な策であっただろう。前項で紹介した、隼人征伐に際し、大神諸男が三角池に出向き、宇佐池守から池の神秘を聞かされ、神に祈って、御験としての薦枕を創出したという伝承は、はからずも、両者の提携を反映したものと受け取れるであろう。

法蓮という僧

宇佐氏再興のもう一つの象徴として法蓮という僧がいる。これについて考えていこう。法蓮は中央の歴史書である『続日本紀』（続紀《しょつき》）に二度も登場するという、古代豊前でも著名な僧であるが、他はすべて膨大な伝承の中にある。したがって、ここでもそれら伝承を慎重に読み解き法蓮像を求めることが先決であろう。

法蓮伝承の根源は彦山伝承に求められる。彦山（英彦山、一一九六メートル、福岡県田川郡添田町と大分県中津市山国町の境にあり）は東北九州を代表する霊山として知られ、前章で述べた新羅国神を祀った香春《かわら》岳にも近い。この山に関わる縁起類の中で現存最古のものが『彦山流記《るき》』（建保元年〈一二一四年〉の奥書をもつ）である。その内容中、もっとも多くの紙幅を割《さ》き、もっとも注目されるのが「第一般若窟《はんにゃくつ》」（また玉屋という。山内には四十九の洞窟があり、その一番目の洞窟）の条であろう。この部分が、いわゆる法蓮の修行談であり、法蓮伝承を代表するものである。その概略を示そう。

甲寅年《きのえとらのとし》（安閑《あんかん》天皇元年とされる）、彦山権現が衆生《しゅじょう》を利せんがために摩訶陀《まがだ》国（古代、中インドにあった国）より如意宝珠《にょいほうじゅ》（意のごとく求める珍宝や衣食物を出し、あらゆる苦をとり除くという宝の珠）をもって日本国に渡り、当山般若窟に納められる。それから百六十年後、この窟《いわや》に住み修行していた法蓮がこのことを聞き、十二年間籠居して金剛般若経を読んで修行を重ねた。この間に白髪の翁がときどきやってきて法蓮に奉仕するので、問うた。「お前はどこからやってくるのだ」。すると翁はこの山の近くからだという。法蓮は汝の奉仕は心のこもったものである、永久に師檀の契《ちぎ》りを結ぼう、そして自分が宝珠を得たならば汝に与えようといった。この言を聞いた翁は喜んで去る。その後も法蓮は修行を続けるうち、窟に清水が流出し、願のごとく宝珠を得て左袖に入れ、喜びは極限に達した。

法蓮は彦山上宮および宇佐の八幡宮に詣で、八面山の坂中でかの翁と会う。翁は宝珠を乞うが、法蓮は身命をかけて修行した結果得たものを渡すまいとする。翁は先の約束をもち出し悔しがって去るが、再びやってきて宝珠を乞う。法蓮は邪心で、翁に与えるというが、袖を見ると宝珠がなくなっていた。怒った法蓮は火界呪《かかいじゅ》をとなえ、火印を結んで逃げ去ろうとする翁の前に投ずる。火は激しく四方の山を焼いた。逃げ道を塞《ふさ》がれた翁はもどってきて法蓮に向かっていう。実のところ、私は八幡神である。私は日本国を静かなものとし、鎮守となって護り、宝珠を得て日本一州を利益《りやく》したい。また、弥勒菩薩の出世（衆生済度のためこの世に姿を現わすこと）に結縁《けちえん》（仏道修行の道に入り成仏《じょうぶつ》の因縁を結ぶこと）せしめんがために弥勒寺を建てて神宮寺となし、宮領八十庄を分ちて供田とする。法蓮をその寺の別当に迎え奉りたい、と。八幡神は宝珠を得て宇佐宮宝殿にみずから納めた。ここに、八幡神と法蓮は同心の契《ちぎ》りを結んだとする。

『流記』の同条にはこの話の後に、なお注目するべき二つの事柄を記している。その一は、養老の隼人征伐後に、法蓮は高原岳で日想観《にっそうかん》を修し、紫雲が立ちのぼり、大宰府まで覆ったので、大宰府はこれを奇瑞《きずい》（不思議なめでたいしるし）として奏上《そうじょう》（天皇に申し上げること）したという。その二は、上毛郡山本に虚空蔵《こくうぞう》菩薩を安置し、法蓮のことを「弥勒の化《け》身《しん》なり」と述べている（写真14参照）。

以上、『流記』にみられる法蓮伝承の内容を要約したが、注意するべきは、『流記』が先

写真14　虚空蔵寺塔跡

行する縁起（『流記』の成立より以前に存在した縁起）にもとづく抄出（ぬき出して書くこと）であるという点である。『流記』の成立が十三世紀初めであるから、先行縁起は常識的に考えて平安時代に存在したことになろう。そうすると、その所収内容、中でももっとも重きを占める法蓮伝承は先行縁起より以前に成立していなければならない。彦山における法蓮伝承の原形は奈良時代末期から平安時代初期までに成立していたと考えられよう。

これまでに法蓮を論じた研究者の眼差《まなざし》はことごとく『続紀』の二度にわたる法蓮褒賞《ほうしよう》記事に厚く注がれた。『続紀』の成立は延暦十六年（七九七年）である。その前後に彦山における法蓮伝承の原形は成立していたと考えられるのである。ちなみに、『流記』より後の元亀三年（一五七二年）成立の『鎮西彦山縁起』では『続紀』にみる法蓮の二度にわたる褒賞記事が組み入れられている。これをもってしても、『流記』の法蓮伝承は『続紀』の成立よりも古いことが理解できるであろう。

法蓮伝承は豊前地域を中心に膨大な広がりをもつ。しかし、その根源は、『流記』にみられる彦山を中心とする伝承であり、他は後にさまざまな要素が付加されたり、意図的に法蓮に結びつけられたものが多い。したがって、法蓮の研究は、『流記』にみる伝承の冷静な検討と『続紀』の褒賞記事をいかに位置づけるかにかかっているといえよう。

法蓮と八幡神

まず、『流記』にみた法蓮伝承、つまり宝珠をめぐる伝承をいかに解するか。これは先にみた三角池の薦枕創出伝承と裏腹の関係にある。

三角池での伝承が再興の勢盛んな宇佐氏に、八幡宮祭祀の実権を握る大神氏が提携を試みた反映とみた。同様に、当初より仏教・道教を内在する八幡神にとって、彦山での道教的仏教的修行を通してずばぬけた呪力をもつ法蓮（後述のように宇佐氏の出身）は、どうしても取りこみたい存在であろう。そこで八幡神の名を借りた大神氏が法蓮と提携したことを反映したのが、宝珠をめぐる伝承であり、両者による契り伝承として語られたものであろう。
その後に続く高原岳（香春岳かとみられている）で日想観を修したということについて、養老の隼人征伐後になされたとあることに意味がある。日想観は『観無量寿経』にもとづき、日没に西方に向かって日輪を観想するもので、普通には往生極楽の教法の盛んとなる後世の事例が取り上げられる。

しかし、『大阿弥陀経』にも記述のあることからインドにおいてすでにその法のおこなわれたことが指摘されている。隼人征伐後に法蓮がこの法を修したとすれば、後述の放生会との関係において注目されよう。また、山本に虚空蔵菩薩を安置したことも、山岳修行者らしい尊像の安置であり、山本の地が小山田社や後の小椋山社ともきわめて近い位置にあること（地図4参照）も興味深い。

次に、『続紀』にみる二度の法蓮褒賞の記事について考えよう。一度目の記事は、大宝三年（七〇三年）九月二十五日条で、法蓮に豊前国の「野四十町」を施《ほどこ》した。その「毉《い》」術を褒《ほ》めてのことであると記されている。「野四十町」は未開墾の土地四十町という意で、開墾すれば自分たちのものになるという性格の土地である。その地域は八面山北麓の旧宇佐郡西部の一部から旧下毛郡にかけての地域（地図6参照）と考えられ、再興宇佐氏の拠点に当る。再興宇佐氏の勢からすれば、これを開墾し、一族の強力な地盤としたことであろう。この褒賞の根拠となったのが法蓮の「毉」術であると、医ではなくあえて「毉」の文字を使っていることに意味がある。この文字は、本来巫覡《ふげき》がお祈りして病気を治すことに用いる。法蓮は彦山での修行を通して道教系の強力な「毉」術をもっており、これによって、早くから民を救っていたのであろう。

二度目の記事は養老五年（七二一年）六月三日条で、元正天皇の詔として、沙門《しゃもん》法蓮は心が禅定《ぜんじょう》（座禅で精神を統一して静かに真理を考える境地に入ること）の域に達し、その行ないは仏法にかなっている。また、「毉」術に精通しており民の苦しみを救っている。大変立派なことであり、このような人を褒賞せずにはおれない。よって彼の三等の親族に宇佐君《うさのきみ》の姓《かばね》を与える、というものである。注目されるのは養老五年がかの隼人征伐の翌年に当ることであり、征伐に同行した法蓮と弟子たちが、「毉」術でもってよく民苦を救うことがあったのだろう。その他に、彼が禅定の域に達し、仏法にかなっているとする。先の「野四十町」では彼の氏族に経済的な基盤を与え、今回の「宇佐君姓」により、彼の氏族に大いなる名誉を与えたことになる。法蓮の二度にわたる褒賞を機に宇佐氏は再興を果たしたとみるのが自然であろう。

以上を受けて、八幡神に重大な影響を及ぼす法蓮仏教とはどのような内容であるのか考えよう。まずは、これまでの伝承内容から法蓮仏教の内容を構成する要素を集めてみる。

経典としては『金剛般若経』の読誦《どくじゅ》、修した法としては「火界呪」「日想観」がある。所行としては、上毛郡山本に虚空蔵菩薩を安置、「弥勒の化身《けしん》」といわれる（以上『流記』）。さらに日足の弥勒禅院（薬師・弥勒の二像安置）の初代別当となり（『建立縁起』・『託宣集』巻六、後述）、隼人征伐に弟子を率いて従軍、その後の放生会（後述）で導師を勤め、放生陀羅尼《だらに》を唱え大乗経文を読誦（『託宣集』巻五）したとされ、また「豎」術にすぐれ禅定の域に達していた（『続紀』）という。

これらを踏まえて考えるに、法蓮の仏教は、弥勒信仰・薬師信仰・虚空蔵信仰が主たるものとなっていたようである。中でも弥勒信仰は中核であったと考えられ、彦山での修行により培われたとみてよい。前章で述べたように、彦山は香春岳と密接な関係にあり、新羅系の仏教と道教の融合された神が祀られ、ことに彦山は〝弥勒の山〟と称されたのである。伝承に、法蓮をして「弥勒の化身」といわれるのも、故なきにあらずであろう。その他の虚空蔵信仰や薬師信仰も山岳修行僧の多くが信仰したものであり、日想観を修し、火界呪を用い、放生陀羅尼を誦し、「豎」・薬の術を備え、禅定の域に達していたというのである。

そこから想起されるものは、徹底した修行にうちこみ、強い呪力をもった典型的な初期仏教徒の山岳修行者としての姿である。なお、地元の研究者の中に、法蓮の伝承はすべて後の仮託とし、法蓮は中央の官僧で、特殊な任務を負わされて宇佐入りしたという見解もあるが、大和には法蓮伝承すらもなく、ここでは問題としない。

八幡宮祭祀の実権を掌握する大神氏は、もとより仏教的要素を内蔵する八幡神に、法蓮の強力な呪力を伴う仏教を取り入れ、仏教的な神（仏神）としての特異な神格に高める必要があったのであろう。

小椋山遷座と二箇神宮寺

八幡神は小山田社に鎮座した九年間に以上のことをなしとげたと考えられる。『建立縁起』によれば、隼人征伐後に、八幡神は辛嶋勝波豆米《はつめ》に、「吾《われ》、今坐《います》小山田の社《やしろ》は其の地《ところ》狭《せ》溢《ば》し。我《われ》菱形の小椋山《おぐらやま》に移りなむ」と託宣したという。小山田社の境内は託宣にもあるようにきわめて狭い（鷹居社よりはるかに狭い）。託宣ではこの狭さが次の小椋山遷座の理由となっているが、その内実として、護国の神が鎮座する八幡宮の志向するものが、大きく転換しようとしていたのである。

『建立縁起』は託宣に続いて、聖武天皇の神亀二年（七二五年）正月二十七日、現社地である小椋山を切り開いて八幡神の新たな社殿を建立し、遷座したことを記す。小椋山（小倉山・亀山・菱形山ともいう。現宇佐市南宇佐）は、**地図7**をご参照いただくとおわかりのよう

(Ⓐ Ⓑ 弥勒寺跡　Ⓒ 宮迫坊跡
Ⓓ 中津尾寺跡推定地　ロ ハ ニ 地図 I に同じ)

地図 7　宇佐神宮境内

に、御許山の北麓にありながら独立した小丘陵である。最近の某書で、「御許山の一部である小椋山」とくり返し述べている東京在住者もいるが、小椋山が独立丘陵であることは現地を実見すれば一目瞭然だし、地形図によっても判明できる。つまり、御許山の北に突き出した尾根である大尾山と宮山の谷間が平野に出る口元に小椋山が存在している。小椋山の南側、すなわち先ほどの谷口の地域は「宮迫《みやさこ》」という地名で（地図7中の©地域）、かつて八幡宇佐宮寺の坊舎が建ち並んでいた。現在も宮迫坊跡として重視されている。なお小椋山には、この遷座以前から北辰神《ほくしん》が祀られていた。北辰神は、北辰（北極星）を神格化したもので、中国思想による。辛嶋氏の宇佐入住後に祀られたものか。現祭神は、天御中《あめのみなか》主神《ぬしのかみ》・高皇産霊神《たかみむすびのかみ》・神皇産霊神《かみむすびのかみ》で、いわゆる造化三神《ぞうかさんじん》である。先に『流記』の法蓮伝承をみたが、『託宣集』巻五では、八幡神に宝珠を得るため彦山へ行くようすすめたのは、小椋山の北辰神であり、香春神であったと述べている。

神亀二年の小椋山遷座は、単に小椋山上に立派な八幡宮社殿ができたというだけではない。同時に境内外に神宮寺が二箇寺も創建されたのである。一は小椋山の東南東に当る日《ひ》足《あし》に弥勒禅院が、二は東南に当る南無会《なむえ》に薬師勝恩寺が出現した（地図1参照）。弥勒禅院については『建立縁起』に簡単な記載があるとともに、『託宣集』巻五・巻六にやや詳しい記載がある。薬師勝恩寺については『託宣集』巻六のみに簡単な記載がみられる。このことにより、二箇寺が存在したと考えられるが、その主体は弥勒禅院にあったといえよう。

弥勒禅院について、『託宣集』は巻五・巻六ともに、『流記』でみた法蓮と八幡神の契りにもとづいて建立され、法蓮を初代別当に迎え、宝珠を得たことに対する報いであるとしている。なお薬師勝恩寺については、巻六に大神比義の建立するところと記している。

ここで第二章において述べた初期神宮寺のことを思い出していただきたい。初期神宮寺は一般的な特徴として神身離脱思想を伴っているが、八幡神宮寺だけは事情を異にするのだと述べた。すなわち八幡神宮寺には神身離脱思想がまったく伴っていない。伴っているのは、法蓮と八幡神の契り伝承なのである。このあたりからしても、八幡という神のありようそのものが、他の日本の神々と異なることを示している。項を改めて述べよう。

「仏神」としての八幡神

八幡神は、自然神や精霊神として祀られ成長した日本の神々とは、およそ成立の事情を異にしていた。第三章から本章のこれまでに、八幡神と神仏習合の関係を考えさせられる場面が幾度かあった。それらをここで考えてみよう。

神仏習合に限らず文化全般において、北部九州は大陸、ことに朝鮮半島に近接している関係上、思想・文化・技術など直輸入であることが多い。前章でみたように、新羅国神を香春に祀ったとき、すでに道教と仏教が融合していた。この新羅神を奉じて秦系辛嶋氏が宇佐郡に到達、駅館川西岸に定着したとき、みずからの神を「宇佐郡辛国宇豆高島」（稲積山）に降臨させた。この段階で、まだ日本の神としての八幡神は成立していなかったが、その直前の段階において日本の神体山信仰を取り入れ、祭祀の上でやや日本化の傾向を示したといえよう。

応神霊が付与され、日本の神としての八幡神が成立した段階で、もとより所持していた道教・仏教の要素が日本の神霊と融合したことを意味し、その上に八幡神として顕現した所も、古来の神体山信仰の聖地御許山であった。つまりこの山の神霊をも吸収したことになる（後にこの山の神霊は比売神として、八幡宮社殿の第二殿に祀られる）。要するに、八幡神が成立した段階で、他の神々に先んじて神仏習合は発祥したとみることができよう。

その後、八幡神は相ついで日本の神霊や仏教をさらに吸収していく。隼人征伐に際しての三角池における薦枕創出伝承は、三角池の神霊（八面山の神体山信仰の神霊、コラム7参照）によるものであり、法蓮との提携により、八幡神の仏教色がさらに豊かなものとなったことは前述の通りである。

先項で八幡神の神宮寺が神身離脱思想を伴っていないと指摘した。これをもう少し補足しておこう。他の神宮寺の場合、日本の神社が初めて仏教と関わったのであり、そこには相当な説明を必要とした。そのため山岳修行者たちによる神身離脱思想の鼓吹《こすい》があった。一方、八幡神の場合、みずから仏教を内在する神であり、法蓮との提携によりその仏教色をさらに強めている。神宮寺の建立に当たり何の説明も必要としない。みずからの方針として建立すればよかったのである。八幡神は以後においても、仏教色をさらに強めるごとに飛躍的な発展をとげる。まさに、「仏神」であり、神仏習合を常に先導する神なのである。

官幣に預る

神亀二年（七二五年）、八幡神が小椋山に遷座したことはすでに述べた。しかし、当初、その社殿は一殿にすぎなかった。今日の宇佐神宮上宮社殿は、第一殿に八幡大神（応神天皇）、第二殿に比売《ひめ》大神、第三殿に大帯比売《おおたらしひめ》（神功皇后）を祀る三殿形式であるが、『託宣集』巻三によれば、第二殿に比売神を祀るべく託宣が発せられたのは天平三年（七三一年）、社殿が完成して鎮座したのが同六年（七三四年）である（ちなみに、第三殿に大帯比売を祀り三殿形式となるのは弘仁年間〈八一〇〜八二四年〉である）。

このように、第二殿を造り比売神を祀る方向が示された天平三年正月二十七日、八幡宮は官幣《かんぺい》（中央政府の神祇官より幣帛《へいはく》〈神に奉献するものの総称〉を賜わること）に預っている。これは、『建立縁起』をはじめ、『東大寺要録』（四・諸院章第四）、『託宣集』巻十六その他の文献に記されているもので、特に『東大寺要録』では大神田麻呂《たまろ》の奏上によるとしており、『託宣集』では、「異国討伐」（隼人征伐）の神徳に報いるためだとしている。

官幣に預ることは、伊勢神宮等と同等の扱いを受けることであり、八幡宮にとって大変な名誉に浴することである。神祇官からの幣帛は勅使《ちょくし》（勅旨〈天皇のおぼしめし〉を伝達するために差遣《さしつか》わされる天皇の特使。勅語を伝達し、または祭文を神前に捧《ささ》げるなどの任に当たる）によってもたらされるが、ここに宇佐の八幡宮における誇り高い伝統としての「宇佐使《うさづかい》」（詳細はコラム8参照）の歴史が始まる。官幣に預ったことは、『託宣集』にいう隼人征伐に対する中央政府の報いである可能性が強い。これにより、今後の八幡神の発展が大きく躍進に向かう。

神宮弥勒寺の成立

官幣に預って七年後の天平十年（七三八年）、境内外にあった二箇神宮寺を境内地に統合移建して八幡神宮弥勒寺が成立する。『建立縁起』や『託宣集』巻六の記事によって、天平九年四月に託宣が発せられ、翌十年五月、前身二箇寺が小椋山西北麓の境内地（地図7

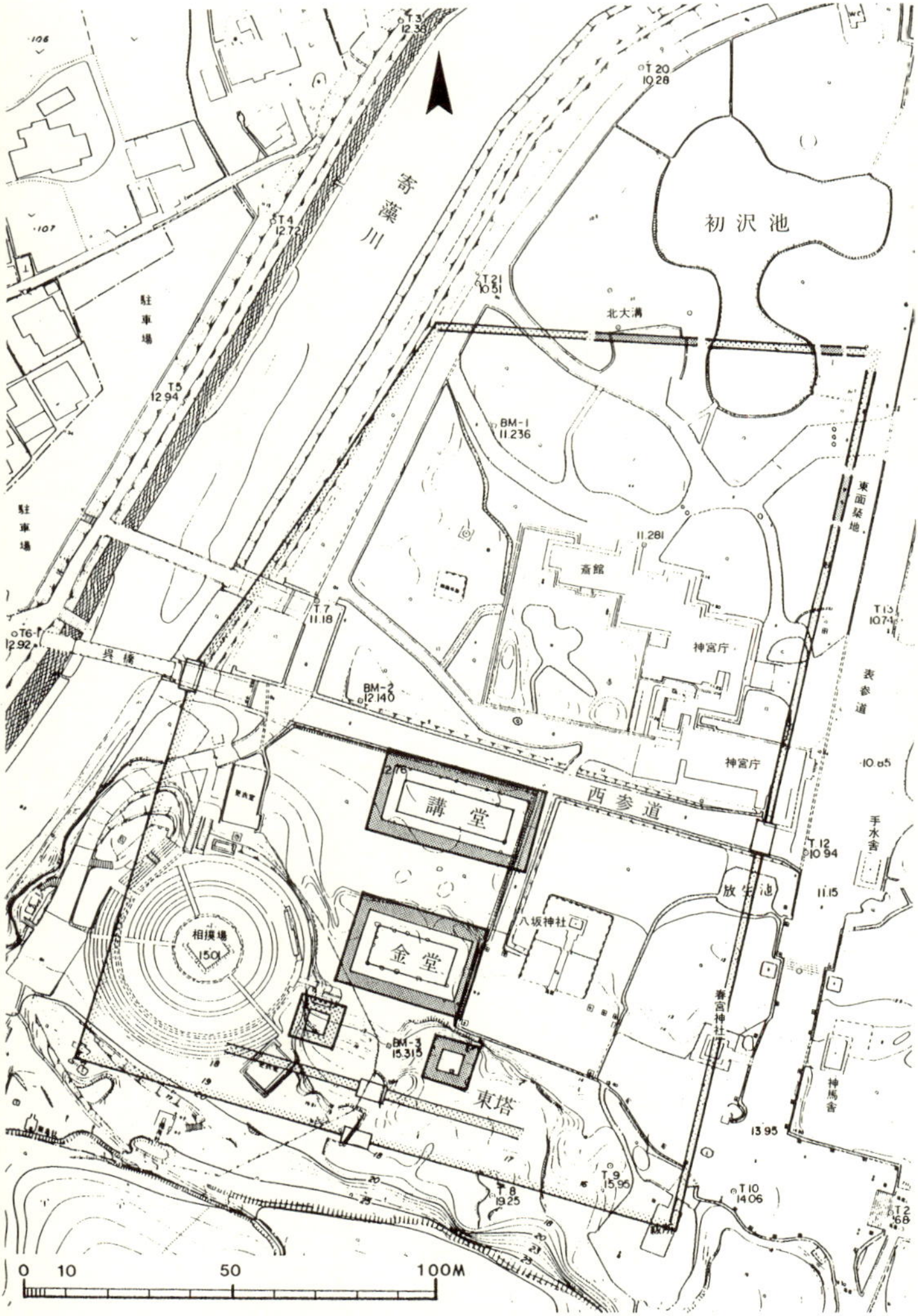

地図 8　創建期弥勒寺伽藍配置復原図（第 2 回調査報告書より）

中のⒶ地点）に統合移建されて弥勒寺として成立したことがわかる。

弥勒寺跡（コラム3で述べたように、当弥勒寺も明治初年の神仏分離で破却され、現在は跡地のみが残存している）の学術的な調査は過去二度実施された。第一回は昭和二十九年（一九五四年）から三十五年（一九六〇年）まで大分県教育委員会が実施。第二回は昭和五十六年（一九八一年）から六十三年（一九八八年）まで大分県教育委員会が実施、それぞれ報告書を出している（巻末参考文献参照）。この発掘調査によると、弥勒寺伽藍は**地図8**に示されているごとく、南大門・中門・金堂・講堂を南北軸線上に配し、金堂前面の東西に二基の三重塔を置くという、いわゆる薬師寺式伽藍配置を規範とする堂々たるものである。

創建期弥勒寺伽藍配置図（**地図8**）を見ていると不思議なことに気づく。つまり、薬師寺式伽藍配置を導入したことで必然的に南向きとなる。そのため、南側の東西両三重塔は丘陵の裾《すそ》部にのっかり、さらにその南に中門・南大門があり、これらは丘陵裾部を一層奥に入りこむ形になっている（図中の等高線の入り具合に注意されたい）。また、伽藍の中枢部である両塔・金堂・講堂がすべて西参道以南に集中し、西参道以北のかなり広大な部分に比較的ゆったりと付属的堂宇が建てられていくのである。以上のことがらを総合すると、何か特別な事情があって、無理を承知の上で計画を実施している感があろう。

これに関して、第二回報告書はきわめて示唆に富む指摘をしている。つまり、小椋山遷座による社殿の造営に際して、今日の表参道・西参道に相当するものができていたと考えられ、八幡宮造営計画中に交通路や弥勒寺の寺地も割り当てられていた可能性が高いとされる。具体的には、弥勒寺の造営に着手した天平年間（七二九〜七四九年）には、主要交通路としての「勅使街道」がすでに存在し、それに連続する「西参道」を弥勒寺および宇佐宮の主要参道の一つとして使用せねばならない状況ができていたと考えられるとする。この指摘は、八幡宮に対する単なる神宮寺として弥勒寺が存在したというのではなく、小椋山での造営が、宮と寺とを一体化させた「宮寺」を目指したものであることを示している。

弥勒寺伽藍と関係してもう一つ不思議なことは、小椋山上の八幡宮社殿が南面していることである（地図7参照）。一般には、古来の信仰ラインを踏まえて成立した古社の場合、方位に関係なく神体山を背にして、前面に平坦地が広がる形で存在する（第一章参照）。小椋山に社殿を造るなら、御許山（南）を背にして前面（北）に宇佐平野が広がる形こそ自然であろう。しかし、地図でも確認できるように、小椋山の北には広大な境内地があり、さらにその北には平野が広がっていて、表参道も北から通じており、南側はわずかな平地を隔てて御許山である。地形上、どう見ても南側は裏の感が強い。このような地形の上にあえて社殿を南向きにしていることは、弥勒寺伽藍とともに、無理をしているとしか考えられない。

古来の信仰ライン（北の平野から南の御許山を拝する）をあえて逆にし、南向きの社殿としたことは、平城京の動向に合わせたと解するべきであろう。平城京そのものが中国古来の思想にもとづいて南面しており、寺院も飛鳥時代以来南面している。これに合わせたのが春日社であり、古来の西からの信仰（御蓋山《みかさやま》信仰）ラインを無視して南面の本殿を造った。

要するに、小椋山での造営は、二つの無理を押してまで、すべて平城京の動向に合わせ、堂々たる社殿と伽藍を一体とする「宮寺」を目指すものであった。それはまた、鎮護国家の理想に応えようとする、壮大な計画のもとに進行されたものであったことが理解できよう。八幡宮社殿が南向きであることについて、隼人の方を向いているという説もあるが、そこまで隼人に結びつける考えは、八幡宮の強い中央意識と当時の伽藍配置のあり方からして、従うわけにはいかない。

「八幡神宮」の称

小椋山遷座と官幣に預った後、天平九年（七三七年）四月一日、八幡宮が初めて『続紀』に登場する。つまり、伊勢・大神《おおみわ》・筑紫住吉・香椎《かしい》の各社とともに新羅無礼（新羅がこれまでの礼儀を無視し、日本使節の指示を受け入れなかったこと）の奉告を受けている。翌十年（七三八年）には先述の神宮弥勒寺が成立し、同十二年（七四〇年）十月九日、藤原広嗣《ひろつぐ》の反乱に際し、大将軍大野東人《あずまひと》をして八幡神に祈請せしめ（『続紀』）、さらに封戸《ふこ》二十と神宝および造寺度僧を八幡宮に奉っている（『東大寺要録』四・諸院章第四、『託宣集』巻六）。

以上の流れを受けて、『続紀』天平十三年（七四一年）閏《うるう》三月（この年は三月が閏月で、二度目の三月の意）二十四日条が注目される。その内容は、「八幡神宮」に秘錦《ひごんの》冠《かんむり》（新羅宮廷製の錦を用いた冠）一つ、金字（金泥で書いた）金光明最勝王経と法華経各一部、得度者十人、封戸から出させた馬五頭を献上した。また、三重塔一基を造らせた。これまでの祈禱の数々に対するお礼であるというものである。この記事でまず注目されるのは、八幡宮ではなく「八幡神宮」と称していること（『正倉院文書』にも同じ日付で「八幡神宮最勝王経十巻法華経八巻」とみえる）で、一段と格の高い神宮と称されたことにより、先の官幣に預ったこととあわせて、きわめて大きな名誉に浴したわけである。

第二の注目点は、日付と寄進内容である。天平十三年閏三月二十四日の丁度一ヵ月前（つまり三月〈一度目の三月〉二十四日）は、『続日本紀』によると、あの国分寺・国分尼寺建立の詔が出された日に当る。詔に示された要件は、七重塔一基を造ること、金光明最勝王経・法華経各一部を書写させるとともに、天皇が金泥で書写した金光明最勝王経一部を七重塔ごとに置かせる。国分僧寺（金光明四天王護国寺）には封戸五十・水田十町を施入し、僧二十人を置く。国分尼寺（法華滅罪寺）には、水田十町を施入し、尼十人を置くとしている。これを、先の八幡神宮に対する閏三月二十四日の記事と対比するとき、きわめて近似している（特に国分僧寺と）ことに気づくであろう。

朝廷は八幡宮寺（特に弥勒寺）をして国分寺に準じた、あるいはそれ以上の鎮護国家の宮寺として期待を寄せたことが考えられる（もちろん、豊前国分寺は別にできるが）。

まさに国家と八幡宮寺の間には、もちつもたれつの関係ができ上りつつあったというべきで、この関係はさらに進んでいくことになる。奈良時代には伊勢神宮と並ぶ「二所宗廟《そうびょう》」といわれた（『東大寺八幡験記』大菩薩記、『託宣集』巻六・巻七）のも、このころに始まるのではなかろうか。

大仏造立への協力

国分寺・国分尼寺建立の詔より二年後の天平十五年（七四三年）十月十五日、聖武天皇は一大決心をもって盧舎那《るしゃな》大仏造立の詔を発したことは、大方の周知するところであろう。

しかし、造立工事は決して順調に進んだわけではない。莫大な経費と資材・人夫の調達などが、工事の進行を妨げた。民間布教に従事し、広く農民から支持を集めていた行基《ぎょうき》が注目されたのもこのときである。

『託宣集』巻六によると、天平十九年（七四七年）、朝廷は使を宇佐に遣わし、八幡神に大仏造立成就を祈願させた。ときに八幡神は、「神吾《われ》、天神（高天原《たかまのはら》に坐《ま》す神々、高天原より地上に降臨した神およびその裔《えい》の神々）地祇《ちぎ》（地上に坐す神々）を率しいざなひて、成し奉つて事立《ことだ》て有らず。銅《あかがね》の湯を水と成すがごとくならん。我が身を草木土に交へて、障《さ》へる事無く成さん」という有名な託宣を発して（この託宣は後に『続紀』に記載される。天平勝宝元年〈七四九年〉十二月二十七日条）、大仏造立への全面的な協力を宣言した。

先ほどの天平十三年の記事以後をたどると、同十八年（七四六年）には、天皇不予に際しての祈禱に験があったとして、八幡神を三位に叙し、封戸百、度僧五十人、水田二十町が奉られ（『建立縁起』、『東大寺要録』四・諸院章第四）、天平感宝元年（七四九年＊）六月二十三日、天皇は弥勒寺学分として綿・稲・墾田百町を献納している（『益永文書』、『託宣集』巻六）。また、翌月に当る天平勝宝元年（七四九年＊）七月二十二日、豊前国八幡神戸の人より毎年一人を得度せしめ、弥勒寺に入らせることにした（『類聚三代格《るいじゅうさんだいきゃく》』巻二、『託宣集』巻六、『到津文書《いとうつ》』など）とある。朝廷の八幡宮寺への期待の大きさがうかがえよう。

盧舎那大仏は八度の改鋳を経て、天平二十年（七四八年）、ようやくその巨大な像が全容を現わす。ところが、これ以前より新たな問題が浮上していた。大仏の仏身に施す黄金が不足しており、『託宣集』巻六によると、わが国にはもはや黄金は産しないと思った天皇は、使者を唐に派遣して入手しようとした。使者は出発し、宇佐の八幡宮に立ち寄り往還の平安を祈っていたとき、託宣があった。「求むる所の黄金は、将《まさ》に此《こ》の土より出づべし。使を大唐に遣す勿《なか》れ」というものであったが、はたせるかな、天平二十一年（七四九年＊）。

＊印は同じ七四九年でありながら異なる和年代が三回出てきたことを示す。これについては次項の初めに説明した）二月二十二日、陸奥《むつ》国から黄金が献上された（『続紀』、九百両献上され、うち百二十両が八幡神宮に奉納された――『建立縁起』、『扶桑略記』二、『東大寺要録』四・諸院章第四、『託宣集』巻六など）。これにより、ようやく大仏造立完成への光明がさしたのである。

上京と礼拝

黄金献上のあった天平二十一年（七四九年）は、四月十四日をもって天平感宝元年と改元されたが、七月二日には聖武天皇が退き、孝謙天皇（女帝）が即位した。このとき、再び改元されて天平勝宝元年となる。つまり、七四九年という一ヵ年のうちに、二度の改元がなされるという異例な現象にも、大仏造立の重大さが秘められている。

八幡神と大仏造立の関係はこれにとどまるものではなかった。より重大なできごとが起こる。以下、『続紀』の記事（『託宣集』巻七にもほぼ同様の記事がみられる）にもとづきながら述べよう。天平勝宝元年十一月十九日、八幡大神（『続紀』では天平二十年からこの呼称が用いられる）が都に向かうという託宣を発したのである。大仏造立を助けた八幡大神が上京するとあって、朝廷では大がかりな奉迎をすることとなった。二十四日には、参議石川年足《とし たり》・侍従藤原魚名《うおな》を迎神使に任じ、経路に当る諸国には兵士百人以上を徴発してその前後を駆除させた。また、それらの諸国には殺生を禁じ、大神の入京に従う人たちのもてなしにも酒や獣肉を用いないようにさせ、道路を清めてけがれやよごれ（汚穢《おあい》）のないようにさせるという、ものものしさであった。

十二月十八日に至って、朝廷から五位の者十人、散位の者二十人、六衛府・舎人《とねり》それぞれ二十人を出して大神を平群《へぐり》郡（河内国から大和国に入って最初の郡）に出迎えさせる。当日八幡大神は入京し、宮城の南の梨原宮に新殿を造って、ここを神宮となし、この日より僧四十人を招いて七日間の悔過《けか》（みずからの罪を懺悔《ざんげ》し、その報《むく》いから免れることを求める儀式）をおこなった。そして同月二十七日、八幡大神の禰宜尼《ねぎに》である大神杜女《おおがのもりめ》は紫色の輿《こし》（天皇や皇后などの乗る、当時最高の乗物）に乗って東大寺に出向き、大仏を礼拝したのである。

この日は、孝謙天皇、聖武太政天皇・光明皇太后をはじめ、百官・諸氏など、ことごとく寺に参じ、五千人の僧を招いて読経礼拝させ、また、大唐楽・渤海《ぼっかい》楽・呉《くれ》楽や五節《ごせちの》舞《まい》・久米舞を奏させるという大法要となった。このとき、八幡大神に一品《いっぽん》の位階を、比売神に二品《にほん》の位階を奉り、左大臣 橘 諸兄《たちばなのもろえ》は神前で宣命《せんみよう》（天皇の詔を〈漢文ではなく〉国語で記した勅命宣布の文書）を読み上げて、大仏造立に対する援助を謝した。翌天平勝宝二年二月二十九日には、一品八幡大神に封戸八百、位田八十町、二品比売神に封戸六百、位田六十町を授けている。このように、上京と礼拝は八幡大神と八幡神宮にとって、最高の栄誉に浴した一件であった。

二大神事の始行

八幡神および八幡宮の順調な発展の中で二大神事が成立する。二大神事とは放生会《ほうじようえ》と行幸会《ぎようこうえ》のことで、ともに最初から後にいわれるような整った形のものではなく、しだいに儀礼化が進んだという性格のものである。ここでは両神事の始行時の姿を追っておこう。

放生会の起源を示す説は、各種文献に散在し、養老二年（七一八年）から宝亀八年（七七七年）に至る十二説が指摘されている中で、やはり、養老四年（七二〇年）の隼人征伐直後の託宣を受けて始まったとみるのが妥当であろう。後世の応永二十七年（一四二〇年）の『宇佐宮寺御造営幷御神事法会御再興日記目録』により整った姿の内容をまず概観しておく。

写真15　現和間神社浮殿

〈八月一日〉細男《くわしお》試楽開始、浜本立《はまもとだて》神事。〈八月十一日〉試楽、相撲打取。〈八月十三日〉祝大夫《はふりだゆう》らが蜷《にな》（かわにな科の巻き貝）を用意。〈八月十四日〉寺社の僧侶が和間《わま》（現宇佐市松崎浮殿）桟敷《さじき》に参着。国衙《こくが》の役人出仕、香春の採銅所より官幣《かんぺい》御正躰《みしょうたい》（神鏡）持参。上宮御殿より御験《みしるし》を神輿に遷《うつ》す。三所の神輿を中心に陣列を組んで出立。僧侶によって和間で御迎講がおこなわれ、頓宮《とんぐう》（仮の宮）に神輿を入内。〈八月十五日〉相撲十番。大宮と若宮が頓宮より浮殿（写真15・地図9参照）に臨幸。龍頭鷁首《りゅうとうげきす》の船にて奏楽。古表船二隻が出る。海上で傀儡子舞《くぐつのまい》。導師が放生陀羅尼《だらに》を呪する中で蜷を放す。神輿は頓宮にもどり、舞楽など奉納の後に、八幡宮に還御する。神事とはいえ、まさに神仏習合の行事であることが理解できるであろう。

　これらのうち、相撲・傀儡子舞（隼人征伐再現の要素）、蜷の神事・放生陀羅尼（放生・殺生禁断の要素）はこの神事の核心であり、当初は簡易な形であったものと考えられ、他の要

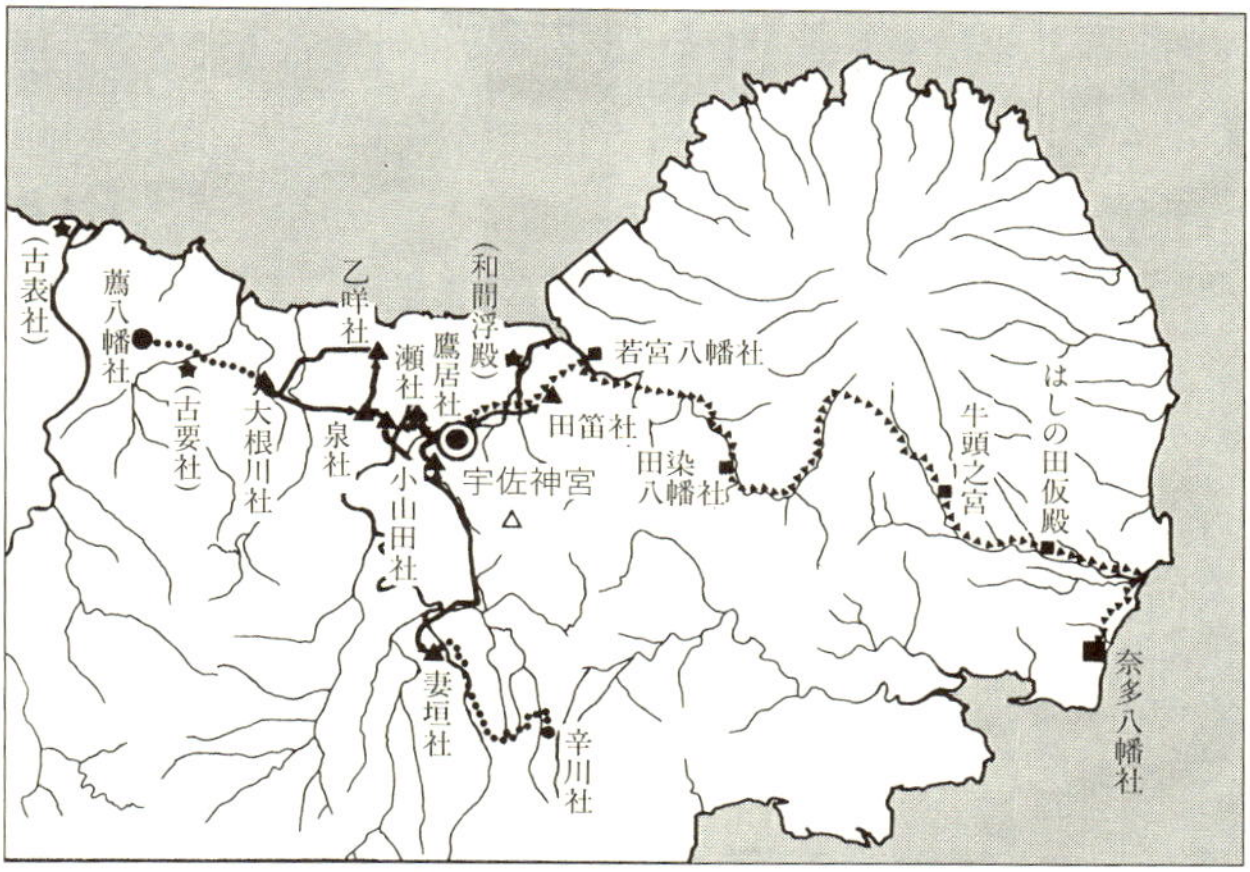

地図9　行幸会巡幸図（『八幡大菩薩の世界』より）

素をしだいに加えながら、奈良時代末期から平安時代にかけて儀礼化が進んだと考えられる。

なお、かつての和間浜は寄藻川《よりもがわ》の河口であったが、付近は近世の新田開発により海岸線が後退し、今は河口ではなくなっている。現在は「仲秋祭」の名で、十月の「体育の日」を含む土日月に執行されているが、かつての規模ではなく、また、仏教色も消えてしまった。

次に行幸会について述べよう。行幸とは本来天皇の宮殿外への出御《しゅつぎょ》をいう。八幡大神が応神天皇であるということから、行幸会という名称が起こったものと考えられる。その起源については諸文献中に、天平勝宝元年（七四九年）から弘仁八年（八一七年）に至る五説が存在する。これも、放生会と同様に、徐々に形を整えていったと考えられ、その始行は、八幡大神の上京があった天平勝宝元年か同三年あたりに求めるのが妥当であろう。

その内容を示す文献（『宇佐宮行幸会記録』、『行幸会次第』など多数）から要点のみを示すと、当初は四年に一度おこなわれたが、弘仁二年（八一一年）より六年に一度（卯・酉の年）の執行となった。神事内容を要約すると、①下毛郡野仲郷の三角池《みすみ》に群生する真薦《まこも》を刈り取り、薦枕を作って、これを御験として八幡神宮に納める。②新御験を神輿に載せ、八箇社（八幡神縁故の霊地、大根川《おおねがわ》社・泉社・乙咩《おとめ》社・瀬社・鷹居社・小山田社・妻垣社・田笛社）を巡り、再び八幡神宮に納める。③旧御験を豊後国安岐郷の奈多宮（現杵築《きつき》市奈多字亀山）に納める。④旧御験を奈多宮より豊予海峡を越えて、伊予国宇和郡矢野山宮（現愛媛県八幡浜市）に納める（ただし、奈多宮より先は諸説あり）。以上のように、これまた、大変大がかりな神事である（地図9参照）。

右の内容を、近世初期のもっとも詳しい文献でみると、七月一日から十一月十二日までの長期間にわたって執行している。もちろん、当初は①②だけで、③④（これを奈多行幸会ともいう）は中世に付加されたものである。

行幸会の根本は薦枕御験の更新と八箇社巡幸にある。薦枕御験は隼人征伐時に出現したとされ、御験の更新は神霊の更新を意味する。この御験が八箇社を巡幸する意義は、大神・宇佐・辛嶋三氏に関わる八幡大神縁故の地を巡るのであって、八幡神宮が三氏提携の上に成立していることを世に示すところにあったといえよう。ここでも「神幸」の意味するところを考えるべきである。しかし、あまりに大規模な神事であるゆえか中断することが多く、昭和四十六年（一九七一年）に再興されたのを最後に再び絶えてしまっている。

【コラム7　八面山と三角池】

これまでの本文中に、八面山と三角池（御澄池とも）が何度も登場した。しかし、両者はことごとく別々に登場したので、ここでは、両者が密接な関係にあったことを特筆しておきたい。

三角池の所在する中津市は、南東端に丘陵地が盛り上がる。この丘陵地は同市三光の八面山（六五九・四メートル、**写真16**参照）に源を発する犬丸川により南北に区分されるが、北部は海抜四〇メートル以下の緩やかなものであるのに対し、南部は高まり宇佐市との境近くでは海抜一七〇メートルを超す所もある。他はおおむね平坦といえよう。大貞の三角池は北部の低い丘陵上にある。地形図の上で一目瞭然のごとく、三角池と八面山が犬丸川を軸として対称の位置にあることを注意されたい（**地図6**参照）。

三角池の現状は、面積約五ヘクタール、水深一・五メートル、貯水量約五万～七万立方メ

写真16　八面山（中津市佐知より）

ートルの平底形のため池である。雨水や南西方からの排水が現在の主な水源であるという。なお池底からいくぶんかの湧水があると伝えられているがさだかではない。池の形状は西南方に三つの沢が入江状に湾入している。この汀《みぎわ》線や湿地には真薦をはじめ多くの貴重な水生・湿地植物の群落があり、池の中央部に睡蓮が点在し、南方の水深一メートル以下の所には蓮の群落がみられる（以上、三角池の「水生湿地植物群落」として県天然記念物）。

往古の三角池は現状とかなり異なっていた。現地踏査をくり返し、地形図を精読してわかることは、八面山からの豊かな水流が北部丘陵地を伏流しており、丘陵の各所で湧出していた。大貞の地はその最大の湧出点であったと考えられる。

『託宣集』巻五に往古の三角池の状況をかな

写真17　八面山山頂の磐座・磐境

り詳しく伝える記事がある。それによると、三角池が林間にあって、池といってもこんこんと湧き出る豊かな水が沢をなしていた様子が読みとれ、しかも「宝池」と表現されていることによって、古くから神聖視されていたことがうかがえよう。

大貞の杜《もり》はかなりの広さ（東西四～五町余、南北十町余）におよび、各種の樹木・薬草がうっそうと生い茂り、その中には豊かに湧き出す清水が沢状の池（東西三～四町余、南北七～八町余）を形成していた。沢の形状は南に幾本かにわたって切りこみ、幾筋かの清い流れが合してできており、全体において三角形をなしている。また、清らかな良水は真薦をよく成育させたという。

三角池が聖地とされるのは八面山との関係においてである。先に、三角池が八面山と対

写真18　三角池中の鳥居

称の位置にあることを述べたが、現に三角池の南方はるかに八面山が望まれる（**写真12**参照）。つまり、神体山信仰としての八面山信仰の中で理解するべきもので、八面山山頂の磐《いわ》座《くら》（**写真17**参照、この磐座から北方を眺めると視界の中心に三角池の杜が見える）に宿った神を麓に降し迎える里宮は各所にあったと考えられるが、中でも三角池はその中心であった。

うっそうと生い茂る杜に覆われ、こんこんと湧き出る清水がつくり出す沢、まさに聖地そのものであっただろう。神の宿る大貞の杜と沢には、その聖地に奉斎し、聖域を守る立場の「宇佐池守」なる者が何代にもわたって存在したことは、本文で述べた通りである（三角池は再興宇佐氏の拠点でもあった）。

『薦社旧記』によると、承和年中（八三四～八四八年）、初めて池の畔に薦社を造立、それまでは御池を御本宮として崇敬していた。社殿造立後は池を内宮と称し、社殿を外宮と称したとある。天仁二年（一一〇九年）には神宮寺も建立された。この後も、池を内宮（池中には鳥居が建っている。**写真18**参照）とし、八面山山頂の箭山《ややま》神社を奥院として（『八面山縁起』）、社殿を外宮とする形で現在に至っている。

聖地三角池はこのように八面山信仰との関わりにおいて出現した。薦枕創出伝承・八幡神と法蓮の契り伝承・行幸会の薦枕更新と神幸も、不可分のものとして、この中から生じたのである（詳細は拙著『八幡宮寺成立史の研究』第一編第三章参照）。

【コラム8　宇佐使】

天平三年（七三一年）正月二十七日、八幡宮が官幣に預り、勅使の発遣をみたことは本文で述べた。ここで八幡神宮への勅使発遣について簡単に補足しておこう。宇佐の八幡神宮に遣わされる勅使を総称して「宇佐使《うさづかい》」というが、その目的によって名称はさらに分かれる。一は即位奉告使で始まったのは桓武《かんむ》天皇以降。道鏡天位託宣事件（次章参照）に際し、皇統を護ったとされる和気清麻呂《わけのきよまろ》にちなんで和気氏が派遣されたため、「宇佐和気使《わけづかい》」・「和気使」といわれた。二は一代一度の大神宝使《だいしんぽうし》、三は三年に一度の恒例使（実際の年限はまちまち）、四は臨時祈請使、その他である。

宇佐使発遣の起源については、養老四年（七二〇年）・神亀元年（七二四年）・同二年など

写真19　呉橋

に求める説もあるがはっきりしない。明確なのは天平三年の官幣に預った時点からで、もっとも盛んであったのは平安時代である。鎌倉時代も発遣は続いていたが、後醍醐天皇の元亨元年（一三二一年）の発遣を最後に断絶してしまう。

宇佐使が復興されるのは四百二十三年後の延享元年（一七四四年）であった（桜町天皇・八代将軍徳川吉宗のとき）。江戸時代には、その後の光格天皇の文化三年（一八〇六年）、孝明天皇の元治元年（一八六四年）と合せて三度の発遣をみる。復興後の勅使奉幣は延享元年のときのものが基本であった。宇佐使は明治以後も続き、ことに大正十四年（一九二五年）からは十年に一度の勅使奉幣となって現在に至っている。

宇佐使の通った路であるが、大宰府から

の官道を用いた。この路は山国川を渡ってほぼ一直線に八幡神宮境内の西に至る。断絶以前は、ここで寄藻川《よりもがわ》にかかる呉橋《くれはし》（県有形文化財・**写真19**参照。木造の廊橋で唐破風造檜皮葺《からはふづくりひわだぶき》）を渡り西参道に入って（つまり弥勒寺境内を横切る形。**地図8**参照）上宮に至っていた。ところが近世の復興では呉橋を渡らなくなり、寄藻川沿いに北進し、表参道を用いるようになった。二大宮司家の到津《いとうつ》邸・宮成《みやなり》邸への寄館が重要な要素となったことに加えて、神道復古の気運により寺域の通過を避けたものと考えられている。

宇佐使に関する文献は多く、これまでに発遣された回数を正確に把握するのは難しいが、『歴代宇佐使』という文献では計二百十六回としている。中断の時期もあったが、今も続く宇佐使に、八幡宇佐宮（現宇佐神宮）の伝統と名誉が維持されているといえよう。

第五章　習合現象の中央進出と八幡大菩薩の顕現

神仏習合の現象は、神宮寺の創建・神前読経という形で地方社会から始まったことはすでにみた（第二章）。八幡神の発展と関係しながら習合現象は中央にも及ぶ。また、八幡神も中央との関わりの中で、仏神としての性格をいよいよ強めていく。

護法善神思想

八幡大神の大仏造立援助・上京礼拝という一連の動向は、当時にあってきわめて異様なものとして受けとる向きもあったであろう。たとえば、八幡大神の上京に際する奉迎ぶり、特に梨原宮におけるもてなしは、神事ではなく仏事であった。また、八幡大神（禰宜《ねぎ》尼杜女《にもりめ》）が大仏を拝し、一大法要をおこなうなど、神の上京にもかかわらず都は盛大な仏事の渦中にあった。

宇佐の八幡神宮では神仏習合がどこよりも進んでおり、神前において仏教儀礼を捧げることは常習化しており、都におけるこのような動きは少しも不自然ではなかった。朝廷の側からしても、聖武天皇は古来の神祇を軽んじたのではないが、みずからの仏教信仰は厚く、積極的に仏説にもとづき仏の加護を祈ることによって、国家の安泰をもたらしうると信じていた。したがって、大仏造立に際し、八幡大神が協力し上京礼拝したことも大いに喜ぶべきことであった。

しかし、宮廷祭儀や伊勢神宮においては、八幡大神の一連の動向に対し神仏隔離の動きが出ていた。朝廷はこれに反論するが、効果的だったのが護法善神《ごほうぜんしん》思想（『金光明最勝王経』四天王護国品・四天王観察人天品・正法正論品によるという）である。

日本在来の神祇を仏教でいう護法善神（第二章で述べた諸天のこと）とみなし、神前の仏教儀礼に対して「神は仏法を悦び受く」、大仏造立への援助に対して「神は仏法を尊び護る」という、新たな神仏関係の観念を生み出したのである。

八幡大神の大仏造立援助と上京・礼拝という一連の動向は、決して神仏習合を進めるために企てられたものではない。しかし、結果的に、地方で起こった神仏習合現象を中央に持ちこみ、中央において護法善神思想により説明づけられて定着するに至ったことには、大きな意味があるといわねばならない。

鎮守の出現

護法善神思想は、大仏造立と八幡大神の急速な発展との関わりにおいて、華々しく登場した。

しかし、その思想内容には限界があった。すなわち、一に、護法善神とは諸天のことであり、わが国の神祇をこれに相応させるのであるが、実際上、神祇の中のどの神をどの天部に当てはめるかは教理上難しいこと。二に、護法善神（諸天）は仏菩薩の像と同様に天部像として造形される。ところが神祇信仰では、姿を現わさない神が天空より祭場の依代《よりしろ》（磐座や湧水・滝・樹木など）に降臨するものとして偶像をもたなかったこと。これらの理由があげられる。

結局、この思想は伽藍鎮護の思想に包摂一体化され、諸寺院に鎮守が出現する思想的背景をなす役割に転ずることとなった。寺院を守護するために寺院の境内近くに神社が建てられ、これを鎮守というわけであるが、第二章で述べた神宮寺と対照をなす。鎮守には地主神や護法神を祀るのが通常である。

鎮守のもっとも早い例は、大仏を守護するため東大寺の傍に鎮守八幡宮が建立された（現在の手向山《たむけやま》八幡宮、**写真20**参照）ことで、八幡大神の上京後間もない奈良時代末期のことである。東大寺鎮守八幡宮の出現は、にわかに中央の各所で八幡神を勧請《かんじょう》して鎮守が出現する契機となり、大同二年（八〇七年）には大安寺（奈良）の鎮守八幡宮が、寛平八年（八九六年）には薬師寺（奈良）鎮守八幡宮が、また延喜年中（九〇一〜九二三年）に勧修寺《かんしゅうじ》（京都山科）鎮守八幡宮が出現した。

このように、初期の鎮守では八幡神の勧請が主役になっており、ここでも八幡神は神仏

写真20　手向山八幡宮

習合を先導していることに注意するべきであろう。奈良時代末期に現われた鎮守も、その後時代とともに増え続け、最終的には各寺院ことごとく鎮守を伴うことになっていく。

最澄・空海と地主神

最澄は若いころから比叡山寺を拠点に山岳修行を積み、入唐《にっとう》後天台宗を開いてからも山岳修行を基調とし、弟子には十二年間の籠山を義務づけた（『山家学生式《さんげがくしょうしき》』）。

一方の空海は最初大学の教育を受け官吏をめざしていたが、これに飽き足らず、偶然会った「一沙門」（修行者）から虚空蔵求聞持法《こくうぞうぐもんじほう》という不思議な法（コラム2参照）を授かった。これを機に出身地の四国に帰り、阿波の大滝山、土佐の室戸岬、伊予の石鎚山などで修行に明け暮れた。入唐後真言宗を開くが、彼もまた山岳修行を重視したことはいうまでもない。高野山開創伝承（『弘法大師伝』）などは山岳修行の世界といえよう。

両者の共通点は山岳修行を基調としていることである。第一章・第二章で述べたように、山は神々の坐《ま》す所であり、ここでの修行は神々を崇敬し、神々を祈り祀って協力を得ることから始まった。両者には神々が常に関わるのも当然といえよう。

最澄が構想した最初の比叡山伽藍は六所宝塔院（うち二つが比叡山中）と九院・十六院から成り立っているが、当初より東麓の坂本（現滋賀県大津市坂本）に鎮座する日吉《ひえ》（日枝・比枝）神を地主神として崇敬した。今日、日吉大社として著名であるが、往古においては背後の牛尾山が神体山として信仰されていた。

一方、空海の高野山伽藍も、当初は今も中心をなす壇上伽藍のみであった（空海入定《にゅうじょう》後に奥の院伽藍などが成立）が、空海は伽藍建立に当り、天野（高野山の西北麓、現和歌山県伊都郡かつらぎ町上天野）に鎮《しず》まる地主神の高野明神に詣で、神宮寺を建立して、これから開こうとする高野山伽藍の護法を祈願した。やがて、天野の地主明神を山上の壇上伽藍にも勧請し崇敬したのである。

寺院の傍に鎮守が出現し始めたことを前項で述べた。しかし、寺院の建立に当って、地主神や護法神を本格的に祀ることは、最澄・空海によって始まったとみてよいだろう。これ以後、寺院建立にはこの形がことごとく取り入れられるし、また、すでに建立されている寺院にもこの形が定着していく。

厭魅事件と伊予国宇和嶺移座

話を八幡神にもどそう。上京・大仏礼拝後まもなく、天平勝宝四年（七五二年）四月九日、大仏開眼供養が盛大におこなわれた。それから二年余りを経た同六年十一月二十四日、薬師寺の僧行信《ぎょうしん》が八幡神宮の主神《かんづかさ》大神田麻呂《おおがのたまろ》らと共謀して厭魅《えんみ》（呪詛《じゅそ》）をおこなったとして捕えられ、行信（元興寺・法隆寺に住した大僧都行信と同一人物であるか否かはさだかでない）は下野《しもつけ》国の薬師寺に配流された。また、二十七日には、大神杜女《もりめ》・大神田麻呂をそれぞれ官人の名簿から除名して本姓にもどし、杜女は日向国に、田麻呂は多褹《たね》島（種子島）に配流された。禰宜《ねぎ》・祝《はふり》には他人を補任し、両人の封戸・位田および雑物は、すべて大宰府に検《しら》べ収めさせた（以上、『続日本紀』）。

これが厭魅事件であるが、いかなる理由で厭魅に及んだのか、厭魅の対象がだれであったのか、すべては不明である。ともかく、八幡神宮にとっては思わぬ不祥事であった。

同七年（七五五年）三月二十八日、大神は託宣を発して、封戸千四百、位田百四十町（大神上京の翌年に賜わった大神分・比売神分の合計数である。前章参照）を朝廷に返還した（『続紀』）。

写真21　奈多宮

さらに『宇佐八幡宮弥勒寺建立縁起』によると、杜女・田麻呂が朝廷の命により奉仕している間、かの事件を起こしたことを受け、八幡大神は「汝等穢《けがら》はしくして過《あやまち》有り。神吾、今よりは帰らじ」と託宣して、大虚《おおぞら》より大海《おおうみ》を渡り、伊予国宇和嶺に移ったとする。『八幡宇佐宮御託宣集』巻七では、同様のことを記した後に、「宇和嶺は十二ケ年なり。此の間の御託宣は、彼の嶺より玆《ここ》に飛来し、以《もっ》て告げ示し坐《ま》す」と追記している。

伊予国宇和嶺とはどこを指すのであろうか。これは第四章の行幸会で述べたこととの関連で考えるべきである。行幸会は薦枕御験を更新し、新御験の八箇社巡幸をなすものであったが、中世に「奈多行幸会」が付加され、旧御験が豊後国奈多宮（**写真21**参照）まで巡幸し、ここに納められ（地図9参照）、さらに豊予海峡を渡って伊予国宇和郡矢野山宮に納まるとされた。この矢野山宮は現愛媛県八幡浜《やわたはま》市にあるが、八幡浜港から陸地に向って真正面（東）の位置に愛宕山があり、その南に突出した尾根上にある。現地では専《もっぱ》ら「八幡神社」と呼んでいる。小高い岡の上にあるこの宮を「伊予国宇和嶺」といったのであろう。

厭魅事件の結果、宇佐の八幡神宮は大神不在という異常な事態となった。先の封戸・位田の返還と宇和嶺移座は八幡神宮側の自粛行為と考えられる。

創祀以来祭祀の実権を掌握してきた大神氏も去った。大神不在の八幡神宮を護るのは辛嶋氏と宇佐氏に委ねられたのである。『建立縁起』および『託宣集』巻七によると、穢《けが》れた小椋山宮寺の浄化には主に辛嶋氏が当り、辛嶋勝久須売《くすめ》が禰宜に任じられたが数年間大神の託宣がなかったので、志奈布女《しなふめ》・与曾女《よそめ》を次々に任じた。二人は大神の託宣を受けながら任に当ったという。一方、宇佐氏には、大神が宇佐に帰還するためのよき所を用意させた。ここで宇佐公池守（第四章で述べた三角池の何代にもわたる奉斎者「宇佐池守」の最終段階と考えられる）を造宮押領使に任じ、遂行させるのである。

写真22　大尾社

大尾山帰座と道鏡天位託宣事件

天平神護元年（七六五年）三月二十二日、宇和嶺に坐す大神は志奈布女に託宣した。「今我が居る所の宮（宇佐の八幡神宮）は、穢《けがらわしきもの》等を蹋《ふ》み達《とお》りて、縦横既《すで》に故塘《ふるきつか》（古い堤）と為《な》れり。我が安んずる所に非《あら》ざるなり。願はくは浄き処《ところ》に移って、朝廷を守護し奉らん。其《そ》の地《ところ》は、我が占《しめさ》んに随《したが》へ」と。翌二十三日、託宣にもとづき、宇佐公池守を造宮押領使として大尾山（小椋山の東、**地図7**参照）を切り開き新しい宮の造営に当らせ、同年閏《うるう》十月八日、大神の大尾社（**写真22**参照）帰座を仰いだのである（以上、『建立縁起』、『託宣集』巻七）。

宇和嶺より帰還の経路について、『託宣集』巻七が記すところを簡単に示そう。伊予国宇和嶺——豊後国国崎郡安岐郷奈多（現在は杵

写真23　奈多浜辺海中大石

築市奈多）浜辺の海中大石（**写真23**参照）――安岐林――同国奈保利郡――豊前豊後の国境にある田布江《たぶえ》（田笛、現豊後高田市）――豊前国鷹居――郡瀬《こうりせ》――大禰河《おおねがわ》（大根川）――酒井――乙咩《おとめ》浜――馬木嶺（馬城嶺・御許山）――安心院《あじむ》――小山田の林――菱形池（小椋山北麓の池、**地図7**参照）――大尾山となり、これまでに登場した地名がほとんどを占める。事件後の重要時に、宇和嶺移座・大尾山帰座と、ここでも神幸伝承が伴っていることは大いに注意するべきであろう。

さて、厭魅事件で配流されていた大神杜女と田麻呂が翌二年（七六六年）十月二日、配所より召還され、田麻呂は豊後国の員外掾《じょう》（定員外の役人）に任ぜられた（『続紀』）。ここに、大神氏が復帰してきたのである。神宮内が複雑化する兆《きざ》しが生じたといえよう。さらにその上に、天下を震撼《しんかん》させる深刻な事件が起こる。

中央では実力者藤原仲麻呂（恵美押勝《えみのおしかつ》）がみずから起こした乱で滅び、僧道鏡が称徳天皇（孝謙天皇重祚《ちょうそ》）の寵《ちょう》を受けて台頭していた。天平神護元年（七六五年）、彼は太政大臣禅師に任じられ、翌年、法王の位を授かり、権勢をふるった。『続紀』神護景雲三年（七六九年）九月二十五日条によると、大宰府の主神《かんづかさ》（諸々の祭司を掌《つかさど》る）である習宜阿曾麻呂《すげのあそまろ》が道鏡に媚《こ》び仕え、八幡大神による託宣であると偽わり、「道鏡を皇位に即《つ》ければ天下は太平になるであろう」といった。これを聞いた道鏡は大変喜び自負したという。事の重大さを感じた天皇は和気清麻呂《わけのきよまろ》を玉座近くに招き、「昨夜の夢に、八幡大神の使が来て、大神が天皇に奏上することがあるので尼の法均《ほうきん》（清麻呂の姉）を遣わされるよう願っていると告げた。そこで法均に代わり、お前が八幡大神のもとへ行き、託宣を聞いてくるように」と命じた。

清麻呂が出発する際、道鏡は「大神が使者の派遣を請うのは、おそらく私の即位を告げるためであろう」といい、吉報をもたらすならば、官職位階をさらに昇進させる旨を伝える。清麻呂は出発し宇佐に到着、神宮（大尾社）に詣でて祈るうち、「我が国家は開闢《かいびゃく》より以来《このかた》君臣定まれり。臣を以《もっ》て君と為《す》ること未だ之《こ》れ有らざるなり。天《あま》つ日嗣《ひつぎ》（皇位）には必ず皇緒《こうしょ》（皇統、つまり天皇の血筋）を立つ。無道の人は、宜《よろし》く早く掃《はち》ひ除くべし」との託宣を得た。

清麻呂は帰京して、託宣そのままに奏上した。怒った道鏡は、清麻呂の官職を解き、名も別部穢麻呂《わけべのきたなまろ》と変え大隅国に、法均を広虫売《ひろむしめ》と出家前の名にもどし備後国に、それぞれ配《はい》流《る》した。世に有名な道鏡天位託宣事件である。

事件の翌年、神護景雲四年（七七〇年）八月四日、称徳天皇が崩御された。この日、藤原氏の人々が中心となって白壁王《しらかべ》（後の光仁天皇）を皇太子とし、十七日に天皇を大和国添下郡《そうのしも》佐貴郷《さき》（現奈良市山陵町）の高野山陵《たかの》に葬った。道鏡は御陵に仕え、山陵の辺に庵《いおり》して留まっていた。二十一日、皇太子は令旨《りょうじ》（皇太子の命令）を下し、道鏡はひそかに皇位をうかがっていたことが発覚した（坂上苅田麻呂《さかのうえのかりたまろ》〈田村麻呂の父〉らが告発）ので、下野国《しもつけ》薬師寺別当として左遷、習宜阿曾麻呂を多褹島守とした。また翌日には、道鏡の弟の弓削浄人《ゆげのきよひと》（大宰帥《だざいのそち》・大宰府の長官）、その息子の広方・広田・広津も土佐国に配流された。一方、九月六日、道鏡によって配流されていた和気清麻呂と姉広虫を召還し入京させた（以上、『続紀』）。中央における事件の決着は一応つけられたことになる。

比売神宮寺と小椋山再遷座

『続紀』神護景雲元年（七六七年）九月十八日条に「始めて八幡比売《ひめ》神宮寺を造る」とある。八幡神宮第二殿に祀られる比売神に対する神宮寺を造ったということになるが、まず、ここに出てきた年代が微妙である。前年には大神氏の復帰があり、二年後には天位託宣事件が起こる。しかも、「比売神宮寺」という名称はここにみる記載が唯一であって、理解を困難にしている。ただ、『宮成文書』二十八号や『託宣集』巻五に、天平神護年中（七六五〜七六七年）、宇佐公池守が馬城嶺（御許山）の麓の中津尾に中津尾寺（観音寺）という伽藍を建立したとみえる。比売神宮寺はこの中津尾寺に相当し、宮佐古山栄興寺はその後身であるとみられる。

中津尾寺跡は学術的な調査による確認を得ていないが、現宇佐神宮南側に存在する宮佐古（宮迫）坊跡地のもっとも奥まった所（**地図7**参照、図中のⒹ地点）にその推定地がある。

この時期に、池守が何ゆえに比売神宮寺を建立したのであろうか。推測の域を出ないが、大神氏と提携しているものの、いまだ八幡神宮神職団の中で確かな地歩を築けていない宇佐氏として、大神氏の勢力が退いているこのときに、氏祖として崇敬する比売神（第三章の宇佐神話の項およびコラム5で述べた天三降命《あめのくだりのみこと》）のために神宮寺を建立し、みずからの勢力基盤を固めようとしたのではないだろうか。

宝亀元年（七七〇年）十月一日、都では皇太子白壁王が即位して光仁天皇となる。これまで続いた天武系の天皇から天智系の天皇が出現した。翌二年、和気清麻呂を豊前守に任じた（『東大寺要録』四・諸院章第四、『託宣集』巻十など）。豊前守としての清麻呂は、八幡神宮神職団に対する粛清と機構改革をおこなったという（この間のことについては『託宣集』巻十に詳しい）。同四年（七七三年）正月、禰宜辛嶋勝《すぐり》与曽女、宮司宇佐公池守（池守はこのころ宮司になっていた）を解任し、禰宜に大神小吉備売《おきひめ》、祝に辛嶋勝龍麿、大宮司には、復帰した大神田麻呂を任じた（同年一月十八日「豊前国司解」〈『石清水文書』〉）。さらに、宮司職をめぐって大神・宇佐・辛嶋三氏が競望することがあるので、今後は、大神比義の子孫を大宮司の門地（家柄・家格）、宇佐公池守の子孫を少宮司副門地、辛嶋勝乙目の子孫を禰宜・祝の門地と定めた（同三月十四日「八幡大宮司解」〈『石清水文書』〉、『託宣集』巻十）。

このように、厭魅事件後の小椋山宮寺の浄化・天位託宣事件後の清麻呂による粛清と改革が進む中、宝亀十年（七七九年）、大尾社に坐す八幡大神は、「吾、前《さき》に坐《おわ》する此《こ》の菱形宮（小椋山の宮）にしては、神の名始て顕《あらわ》れ、位封転《うたた》高きなり。是《これ》を以《もっ》て、願はくば此の旧き宮に住みましまして、身に冑鎧《かぶとよろい》を着て、朝廷および国家を守護し奉らん」と託宣して、小椋山再遷座を指示したという。翌年より小椋山社殿を改造し、延暦元年（七八二年）、大尾山より大神の遷座を仰いだのである（『建立縁起』、『託宣集』巻十）。大尾山帰座より十七年を経て、ようやくかつての小椋山に再遷座をはたしたことになる。

八幡大菩薩の顕現

本章の最初に述べた護法善神思想がその後大きく発展することなく、伽藍鎮護の思想に包摂一体化されたのに対して、一方の神身離脱思想（第二章参照）は徐々に発展する。その第一歩が神に菩薩号を奉献するという考え方である。すなわち、神は迷える衆生《しゆじよう》の一として仏法の供養を受け、その功徳《くどく》により進んで菩薩となり、さらに悟りを開けば仏となると考え、その第一歩に当る菩薩の号を奉ろうというのである。

「菩薩」というのは、観音菩薩（正しくは観世音菩薩）や弥勒菩薩・文殊菩薩・普賢菩薩・地蔵菩薩などのように、仏教において仏の次に位置づけられ、いずれ仏になるべく修行中の身にして、すべての生あるもの（衆生）の救済に努力し、理想を実現する者のことをいう。その菩薩の号を神に奉るというのである。

文献の上にみえる早い例としては、『多度神宮寺伽藍縁起幷《ならびに》資財帳』の記事で、天平宝字七年（七六三年）、満願禅師が伊勢国に多度神宮寺を建立したとき、神像を造り、多度神をして「多度大菩薩」と称している（第二章参照）。この場合、多度神は宿業《すくごう》によって神身を受けたことを苦悩し、みずから神身を離れて仏道に帰依《きえ》したい（つまり神身離脱思想）

と託宣したことによる。すなわち、満願が菩薩と称したのは、多度神が託宣を契機として
すでに煩悩《ぼんのう》（一切の欲望や迷い）を脱し、民衆のもっとも恐れる祟《たた》りを止めたと解したこと
によるものであろう。この一例はやや例外的であり、神に菩薩号を奉献するということ
で、本格的に注目される最初は、やはり八幡大神へのそれである。
八幡大神への菩薩号の奉献は奈良時代末期になされていたようで、延暦十七年（七九八年）十二月の太政官符（太政官から八省諸司または諸国に下す公文書、『新抄格勅符抄』）、大同三年（八〇八年）七月の太政官符（『類聚三代格《るいじゅうさんだいきゃく》』）には「八幡大菩薩」とみえ、『続日本後紀《しょくにほんこうき》』天長十年（八三三年）十月二十八日条には、「景雲の年八幡大菩薩……」とみえる。景雲の年とは神護景雲年間（七六七〜七七〇年）のことである。これが一般的な呼称であるようだが、八幡神宮ではさらに研究・努力が続く。天応元年（七八一年）、「護国霊験《れいげん》威力神通大菩薩」の号を奉って超人的な護国の威力を主張し、延暦二年（七八三年）には、託宣により、自在王を加え「護国霊験威力神通大自在王菩薩」と称した（『建立縁起』、『東大寺要録』四・諸院章第四）。八幡大神は神でありながら、衆生を救済する功徳と護国の威力をもち、それはあたかも菩薩の自在力のようなものであるという意味に解される（護国霊験威力神通大菩薩についてはこ『華厳経』・『法華経』に、大自在王菩薩については『自在王菩薩経』にもとづくとされる）。
八幡宮寺では、相つぐ不祥事で苦悩の日々が続く中、より強力で具体的な仏神たる八幡

大菩薩を顕現させることにより、中央における鎮護国家の方針に応えようとしたのであろう。

なお、『託宣集』巻十には、宝亀八年（七七七年）五月十八日の託宣として、「明日辰時《たつのとき》を以《もっ》て、沙門《しゃもん》（仏門に入って修行する人。僧）と成つて、三帰五戒（三帰は仏・法・僧の三宝に帰《き》依《え》すること。五戒は在俗の人が守るべき五つのいましめ）を受くべし。今より以後は、殺生を禁断して、生を放つべし。但《ただ》し国家の為に、巨害有るの徒出《い》で来らん時は、此《こ》の限りに有るべからず。疑念無かるべし」とある。八幡大神が出家するというのである。この記事をもって、八幡大神の出家としてことさらに強調する向きもあるが、年代からみても明らかなように八幡大菩薩顕現の時期であり、神仏習合史の流れの中で顕現させた八幡大菩薩を、宮寺では大神の出家として語り伝えたのであろう。託宣末尾の但し書きの部分を注意するべきで、重大事には八幡大菩薩として威力を発揮することを示している。

八幡大菩薩の顕現は、仏典による神仏関係の理論づけをいよいよ促進させることとなり、次なる理論の高まりに向かう。これは八幡宮寺とりわけ弥勒寺僧集団の研究成果であり、神に菩薩号奉献の風潮を生み出したのは、むしろ八幡宮寺であった可能性が強い。

菩薩号の奉献はその後しだいに広まったらしく、『日本文徳天皇実録』天安元年（八五七年）十月条に、常陸国大洗《おおあらい》磯前《いそざき》・酒列《さかつら》磯前の両神を「薬師菩薩名神」と号した記事もある。「菩薩」という仏教的人格を付与することにより、神仏関係を一層明確化することになって、習合の上からみるとき、一つの発展といえよう。なお、これまで神祇は姿を見せないと信じられていたが、仏教的人格が付与されることにより、造形的表現が可能となった。仏菩薩像に対して、神像彫刻が出現することは注意するべきである。

【コラム9　鎮守の現状】

本章のはじめに、護法善神思想を背景に寺院を守護するための鎮守が出現したことを述べた。その鎮守はどのような現状にあるのであろうか。コラム3で扱った神宮寺の場合は、明治初年の神仏分離令とそれに伴う廃仏毀釈《はいぶつきしやく》運動によって、ことごとく廃寺となり破却され、今日ではほとんどその姿を見ることができない状況にあった。ところが鎮守の場合は、神仏分離令や廃仏毀釈で破却されることなく、ことごとく現存している。なぜならば、鎮守は本来神社であり、神社であるものを破却する必要はなかったのである。

このようにいえば、鎮守はまったく手付かずの状態で現存しているかに思われるかもしれない。しかし、破却されなかったというだけで、鎮守としての性格、つまり寺院との密接な関係(寺院を守護する)は断ち切られ、独立した神社として存続した。現在、かつての場所に、かつての姿をとどめているとはいえ、もはや寺院を守護する鎮守ではなく、単なる一神

写真24　東大寺僧形八幡神像
（飛鳥園写真）

社にすぎないのである。例えば、鎮守の最初として奈良時代末期に建立された東大寺鎮守八幡宮は、東大寺から分離し、手向山《たむけやま》八幡宮（**写真20**参照）として独立した神社となっている。

現在、国宝として著名な東大寺の僧《そう》形《ぎょう》八幡神像（**写真24**参照）は、建久八年（一一九七年）、治承の兵火（源平合戦）で焼亡した鎮守八幡宮が再建されたとき、その御神体として刻まれたものであった。鎌倉彫刻史上、運慶と並び称される大仏師快慶が施主となり、一門の仏師二十数名の力が結集された名品である。御神体であったこの像が、今は東大寺の勧学院の厨子《ずし》におさめられ、護法の秘像として祀られているのは、このような経緯による。

最近は、分離独立した旧鎮守をもとの鎮守としての位置づけにもどそうとする動きが一部にある。奈良薬師寺の場合がその好例であろう。周知のごとく、薬師寺では創建時の白鳳伽藍の復興に総力をあげており、現在もその大事業は一部継続している。このような風潮のもとで、薬師寺鎮守八幡宮は神仏分離でひとたび切り離され独立していたが、今は旧に復し護法神祠としてその存在を誇っており、興味を引く。

【コラム10　奈多宮】

第四章と本章で登場した奈多宮について、説明を加えておこう。奈多宮（現杵築市奈多字亀山）は宇佐市に隣接する国東《くにさき》半島の東南部にあり（**地図9**、**写真21**参照）、前面は伊予灘で、南北約二キロメートルにわたって奈多海岸の白砂の浜が続き、平行して美しい松並木が連なっている。松林に囲まれたこの宮の鎮座伝承は古く、それによると、八幡三神の一である比売神の出現した地と称し、奈良時代に宇佐の八幡神宮より神霊を勧請したとしている。その真偽のほどは別として、かなり古い創祀と、宇佐との深い関わりのもとに出現したことがうかがえる。奈多宮の宮司職には奈多氏がついたが、奈多氏は宇佐一族であった。

奈多宮が宇佐の八幡神宮と深い関係をもっていたことを示すものとして、一に本章で扱った八幡大神の宇和嶺移座・大尾山帰座伝承がある。宇和嶺移座については、『建立縁起』や『託宣集』巻七には「大虚《おおぞら》より大海《おおうみ》を渡り」と記し、具体的な経路を示していないが、宇和嶺鎮座中、たびたび宇佐との間を往来したという。その都度、奈多浜辺の海中大石（**写真23**参照）まで来て、気を安め、住むべき所を考えたとある。この伝承に関して、宇和嶺移座まででは『建立縁起』にも記されているが、宇佐への帰座部分は『建立縁起』本文にはなく、十五世紀末に付されたという割注として記されている（コラム6参照）。ということは、移座伝承および大尾山帰座の経路伝承は平安時代末までには成立していたと考えられる。いずれにしても、この伝承は、八幡神宮（宇佐）——奈多——伊予国宇和郡との間に、かなり古くから深い関係のあったことを示唆している。

二に第四章で扱った行幸会との関係である。当初の行幸会は本文で述べたように、薦枕御験の更新と八箇社巡幸をその内容としていた。中世のある時期（鎌倉時代と考えられるがさだかではない）に、旧御験を奈多宮に納めるための巡幸が加わり、これを「奈多行幸会」ともいった。行幸会は前準備だけで二年を要するといわれた大神事で、もっとも詳細に確認されている元和二年（一六一六年）の儀礼では、前半の部が七月一日より十一月七日、後半の部（奈多行幸会）が十一月八日から同十二日までの四泊五日となっている。**地図9**を改めて参照されたい。この四泊五日を費して、旧御験が、八幡神宮——若宮八幡社（現豊後高田市）——田染《たしぶ》八幡社（同上）——弁分《べんぶ》の牛頭《ごず》宮（現国東市安岐町）——はしの田仮殿（同上）——奈多宮に至り納められる。

奈多行幸会の付加でもって、奈多宮は八幡大神の御験薦枕が最後に行き着く所となり、奈多宮の存在意義をいよいよ高めた。八幡神宮からは旧御験だけではなく、旧神宝や装束なども運ばれたようであるが、これが奈多宮より伊予国にどのようにして渡ったのかは伝承の中であり、知るすべがない。宇佐の八幡神宮——御験を更新させる三角池（コラム7参照）と薦社——旧御験の最後に行き着く所としての奈多宮と伊予国に向けての出発点である海中の大石、この三者による不可分の関係が成立したことをうかがわせる。このように考えると、奈多から伊予国にかけての海は、旧御験の禊《みそぎ》の場であったと考えることができるであろう。

八幡造の本殿をもつ現在の奈多宮は決して規模の大きな神社ではない。しかし、かつての奈多宮はかなりの規模を誇ったらしく、宇佐の八幡神宮と同様に神宮寺として弥勒寺が存在したという。当宮の宮司職にあった奈多氏は、戦国期には国人として大友氏に仕えた。やがて大友氏が豊前守護職につくと、奈多氏は宇佐の八幡神宮を管理する社奉行に任じられ、一時期奈多氏が八幡神宮に君臨した。天正十五年（一五八七年）、豊前地域が大友氏に代わり黒田氏の支配下に入ると奈多家も断絶した。文禄二年（一五九三年）、大友氏が領国を没収されるに至り、奈多宮も社領を失う。その上、同五年（一五九六年）閏七月、地震による大津波を受け、社殿や宝物の多くを失ったという。

元和二年（一六一六年）、黒田氏のあとを受け豊前に入った細川氏により、八幡神宮の再興とともに当宮の再興にも着手、神田二十六石余りが寄進され、寛永四年（一六二七年）には社殿が再興された。今は注目されることもほとんどなく、松林の中の社殿も寂しく見えるが、ただ沖合の大石には神々《こうごう》しいものを感じる。

第六章　本地垂迹説の成立

前章でみたように、神に菩薩号を奉献することは神仏習合を一歩前進させるものであった。特に八幡大菩薩の顕現は、仏教経典による神仏関係の理論づけをいよいよ促進させることになり、次なる本地垂迹説《ほんちすいじゃくせつ》に導く引金となった。

垂迹思想の始まり

本地垂迹説は一挙にまとまった形で現われたのではない。この思想は「本地」と「垂迹」から成るが、垂迹思想の方が先に現われてくる。垂迹は本来「迹《あと》を垂《たれ》る」という意であり、垂迹の語が文献上に初めて認められるのは、貞観元年（八五九年）八月、延暦寺の恵亮《えりょう》が賀茂神と春日神のために年分度者（毎年決まって得度させる僧）を置くことを請う上表文に、「皇覚の物を導くは且《か》つは実《じつ》、且《か》つは権《ごん》。大士の迹を垂るるは、或《あるい》は王、或は神」とある文（『日本三代実録』）である。皇覚は如来、大士は菩薩の意であり、権は実に対する仮のものをいう。つまりこの文は、仏菩薩は真実の姿で現われることのほかに、時には仮の姿である神として現われることがあるといっている。

続いて、承平七年（九三七年）十月四日、大宰府より筥崎宮《はこざきぐう》（現福岡市東区箱崎）に出された宝塔造立を命ずる牒《ちょう》（文書）に、「彼宮此宮《かのみやこのみや》その地異なりと雖《いえど》も権現《ごんげん》菩薩垂迹猶《なお》同じ」

と記されている部分があり（『石清水文書』二）、一段と発展した形（垂迹思想のみならず権現思想まで登場する）をみることができる。これは、かつて最澄が全国に六所宝塔院を創立し（安東＝上野《こうずけ》宝塔院・安南＝豊前宝塔院・安西＝筑前宝塔院・安北＝下野《しもつけ》宝塔院・安中＝山城宝塔院・安国＝近江宝塔院の六ヵ所。うち山城と近江の宝塔院は比叡山中に造る）、各塔ごとに一千巻の『法華経』を書写して納め、その功徳によって鎮護国家と天下泰平を祈ろうと発願したことに由来する。

ところが最澄の生前およびこの時期に至るまで、五ヵ所の宝塔院は完成していたものの、豊前宝塔院（宇佐弥勒寺に予定していた）だけが未完成であった。塔に納める書写の経典も寛平年中（八八九～八九八年）に焼失していたので、承平五年（九三五年）より筥崎神宮寺で改めて写経がおこなわれ、ついで塔が建立される。先の文書の文言は場所を移した理由の説明であり、宇佐と筥崎とで土地は異なっていても、権現大菩薩（つまり八幡大菩薩）が垂迹されることに変わりはないという意である。これらの文献を通して、垂迹とは、仏や菩薩が衆生を救うために、仮に日本の神々になって現われたという意であり、垂迹の結果として出現した神が権現ということになろう。

本地垂迹説

このような垂迹思想・権現思想は、やがて一つのまとまりをもって本地垂迹説として結実する。本地とはものの本源・本来の姿をいい、ここでは仏や菩薩の本来の姿をいう。したがって本地垂迹説とは、本源としての仏や菩薩が、人間を利益《りやく》し、衆生を救うために、迹《あと》を諸方に垂《た》れ、神となって形を現わすという説のことである（『法華経』如来寿量品、『大日経』などによるとされる）。この説がある程度のまとまりを示したのは、十世紀後半のことと考えられる。

この思想の根底は権実（小乗仏教＝権教と大乗仏教＝実教）思想の問題であり、インド・中国でも教理上重要な役割を果してきたが、わが国では法華一乗（大乗）の立場にある天台宗において、教学研究の中で本地垂迹を説くことが多かった。前章において八幡大菩薩の顕現が八幡宮寺とりわけ弥勒寺僧集団の経典研究によるところが大きかったことを述べたが、弥勒寺は天台宗と結んでいたのであり、経典にもとづく神仏関係の研究に熱心であった事情が理解できるであろう。

本地垂迹説も当初においては漠然としたものであり、単に、権現や垂迹の思想として認めうるのみであった。初期本地垂迹説は十一世紀を迎えるころともなると、全国的にかなり普及したようである。たとえば、寛弘元年（一〇〇四年）十月十四日の大江匡衡《おおえのまさひら》が尾張国熱田社に大般若経を供養したときの願文に「熱田権現の垂迹」という語がみえる。また、同四年（一〇〇七年）八月十一日、藤原道長が金峯山《きんぷせん》（吉野山）に埋経した経筒の銘（経典を土中に埋めるための筒状の容器に刻みつけた文字）の中に蔵王《ざおう》権現の語がある。これらは当時を代表する人物が用いていることから、権現思想が相当広く普及していたことを物語るとみてよい。さらに、『今昔物語集』（巻第十二・語第三十六）にも蔵王権現・熊野権現などの語がみられ、一般的にはほぼ十一世紀前半ころまでこのような状態が続いたものと思われる。

本地仏の設定

十世紀の段階では漠然とした形でしかなかった本地垂迹説も、十一世紀半ばから十二世紀（平安時代中末期）には、具体的となり、深まりをもって普及していく。

その端緒となったのが本地仏の設定であろう。つまり、この神の本地（本源）は何という仏・菩薩であるかということが、具体的に決められていくのである。いいかえれば、この神は、この仏が垂迹したものであると、説明されるようになっていく。全国各地の神社に祀られている神々の一つ一つに対して、本地仏が決められていくのである。この動向においても、やはりどこよりも先んじていたのが宇佐の八幡神宮であり、十世紀半ばころまでに、宇佐を中心とした地域で八幡神に対する本地仏の設定がなされていたようである（これについては次項で述べる）。

十二世紀以降の文献には実に多くの事例がみられるようになる。『長秋記』長承三年（一一三四年）二月一日条に、熊野の本地仏として、三所の丞相《しょうじょう》が阿弥陀仏、両所は千手観音、中宮は薬師如来、五所王子の若宮は十一面観音、禅師宮は地蔵菩薩、聖《ひじり》宮は龍樹《りゅうじゅ》菩薩、児《ちご》宮は如意輪《にょいりん》観音、子守宮は正《しょう》（聖）観音と示している。平清盛が厳島《いつくしま》神社に奉納した経巻の願文には、当社の本地を観音と記す。次に春日社の本地仏について『春日社古記』承安五年（一一七五年）三月一日条に、一宮は不空羂索《ふくうけんざく》観音（『春日社古社記』・『春日社私記』はあるいは釈迦如来と追記）、二宮は薬師如来（『春日社古社記』はあるいは弥勒菩薩と追記）、三宮は地蔵菩薩、四宮は十一面観音（『春日社古社記』は大日如来を、『春日社私記』は救世《ぐぜ》観音を追記）、若宮は文殊師利《もんじゅしり》菩薩（『春日社私記』はあるいは十一面観音と追記）とみえる。春日社の本地仏には若干の異説があり、括弧内に併記した。

さらに、『卅五文集』には祇園三所権現（現八坂神社）の本地を薬師如来・文殊菩薩・十一面観音とし、『古事談』では賀茂の本地を観音、伊勢神宮と厳島社の本地を大日如来と記している（『沙石集』も伊勢大神宮の本地を大日如来とする）。

最後に『諸神本懐集』（元亨四年〈一三二四年〉の成立という）には実に多くの神々の本地を

記すが、その主なものを示しておく。鹿島大明神＝十一面観音（奥の御前は不空羂索観音）、天照大神＝観音、素戔嗚尊《すさのおのみこと》＝勢至《せいし》菩薩、熊野三所権現（前出と同様）、二所三島の大明神（大箱根＝三所権現にして文殊師利・弥勒・観音）、八幡三所（次項参照）、祇園＝薬師如来、稲荷＝如意輪観音、白山＝十一面観音、熱田＝不動明王、などである。

以上のように、全国各地の大社から小社に至るまで、その祭神の一つ一つに本地仏が設定され、本地垂迹説は具体性をもって普及していくことになった。なお、本地仏の設定は貴族・僧侶ら知識人たちが研究と思考の結果としてなしたものであるから、ひとたび設定されても後に変わる場合もあったり、異説が生じる場合もある。先に示した事例からもうかがうことができるであろう。

八幡神の本地

具体的なことを保留しておいた八幡神の本地について述べよう。応和二年（九六二年）の奥書をもつ『大安寺塔中院建立縁起』によると、大安寺（奈良）僧行教が宇佐におもむき、参籠《さんろう》しているとき、衣の袖の上に釈迦三尊が顕現したとある。このことは八幡神の本地が釈迦三尊であることを示しており、先項の初めにも記したように、十世紀半ばころまでに、宇佐を中心とした地域において、八幡神の本地を釈迦三尊とする考えが成立していたことを物語るであろう。これは他の事例に比してずいぶん早く、ここでも、八幡神が神仏習合を先導しているのである。

行教は八幡神を石清水に勧請する（詳細は第八章参照）に先がけて、まず大安寺に勧請している。最初は大安寺の自坊に祀り（多分八幡神影図であったと考えられる）、やがて南大門南西脇に塔中院が建立されると、五間四面の御堂に丈六釈迦三尊像が安置され、三間二重の高楼上部に八幡神影図が掲げられた（以上、『塔中院建立縁起』）。それら一連の勧請行為は九世紀半ば過ぎまでのことであるが、八幡の本地を釈迦三尊とするのは、当文献成立当時の思想動向を反映しているものと考えられる。このように、八幡神の本地は、当初釈迦三尊と考えられていたのである。

ところが、大江匡房《おおえのまさふさ》（長久二年〈一〇四一年〉～天永二年〈一一一一年〉）の『続本朝往生伝』には八幡神の本地を阿弥陀如来としている。本地仏が変化しているのである。また、前項で取り上げた『諸神本懐集』には、八幡三所として、中は阿弥陀如来・左は観音・右は大勢至菩薩とあり、いわゆる阿弥陀三尊と記している。これらを踏まえると、八幡神の本地は十一世紀のある時期を境に釈迦三尊から阿弥陀三尊に変化したのである。その背景には、このころ発展・普及した天台浄土教の影響が考えられよう。

本地仏の造像と安置

本地仏の設定により、本地垂迹説は具体的に説明づけられることになった。設定された本地仏は具体的な仏菩薩の名として登場することから造像が可能となり、各所で本地仏を造像して安置することが盛んとなる。特に、各地の神宮寺では、みずからの所属する神社の祭神の本地仏を造像し安置した。したがって神宮寺も初期のころとは異なり、このころとなると、本地仏を安置するために存在する寺というように、存在意味にいくらか変化が生じてきた。もちろん、神宮寺ばかりが本地仏を安置するのではなく、本地垂迹説の発展・普及は、ほとんどの寺院を神との関係の外に置くことはなかったので、本地仏の造像と安置はいたる所の寺院・神社でみられた。

たとえば、春日社の本地仏の造像・安置などは、奈良を中心にひときわ盛んであり、この面に活躍する奈良仏師も多くいたという。春日社と興福寺は一筋の道路を挟んで隣接していた。しかも、春日社は藤原氏の氏社、興福寺は藤原氏の氏寺であり、古くから両者間の神仏習合は進んでいた。興福寺一乗院には、神鹿《しんろく》（奈良の鹿は春日の神の使いであると考えられていた）に騎乗する銀製の春日本地仏が伝わっていた。また、春日社の西塔内にも銀製の春日本地仏四体（釈迦・薬師・阿弥陀・弥勒の四体）が安置されていたことも確認される。

さらに春日社の関係塔頭《たっちゅう》寺院の一つに四恩院（興福寺では大乗院方の祈禱所になっていた）

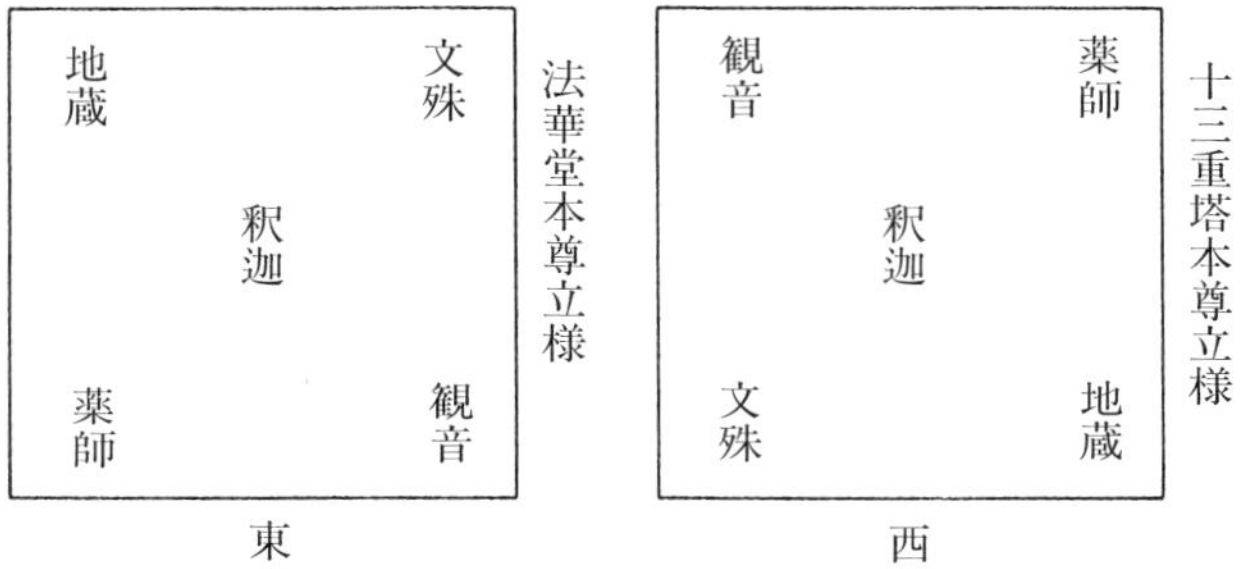

図表4　『大乗院寺社雑事記』寛正2年9月14日条にみえる四恩院十三重塔及び法華堂の春日五神本地仏の配置図

があった。ここには十三重塔と法華堂があり、それぞれに春日五神の本地仏として、釈迦・薬師・地蔵・観音・文殊の五像が安置されていた。大乗院の記録として有名な『大乗院《だいじょういん》寺社雑事記《じしゃぞうじき》』寛正二年（一四六一年）九月十四日条には、それらの像の配置が図示されている（図表4参照）。また、十三重塔初層来迎壁《らいごうへき》の一面には「春日浄土相」が、他の一面には「春日御本地来迎相」が描かれ、春日五神本地仏が絵でも描きこまれていた。このほかに、大乗院の持仏堂にも春日の本地仏数体が安置されており、その他、春日五神本地仏のうち一体のみを安置する諸堂・諸院もあったようである。

　次に奇妙な例を室生寺金堂にみておこう。これも春日五神本地仏の安置ということになるが、この場合、ここに至るまでのいきさつがあった。室生寺（現奈良県宇陀市室生区）は、奈良時代末期に興福寺の

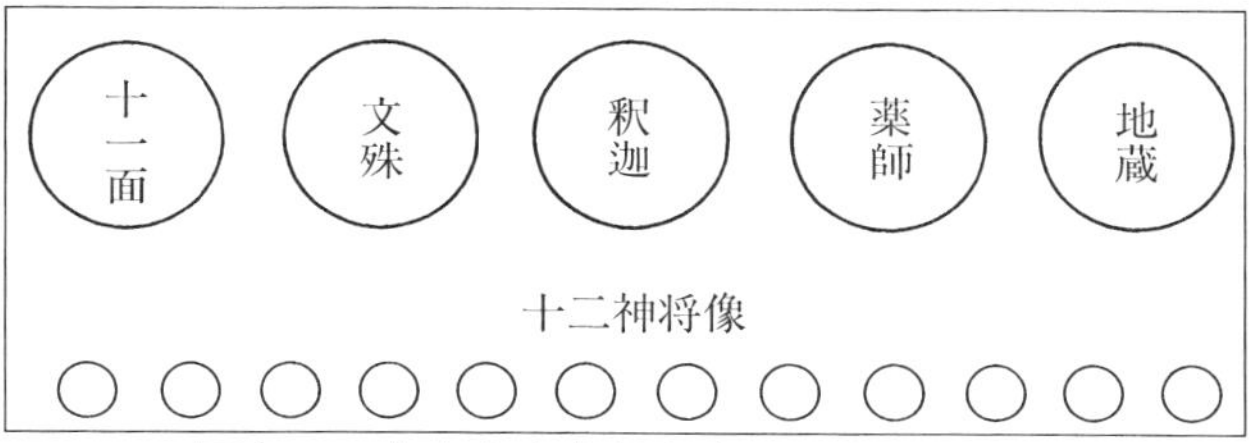

図表5　室生寺金堂須弥壇上の諸仏配置図

僧賢璟《けんぎょう》およびその弟子修圓によって創建された。したがって室生寺は興福寺の末寺として存続していく。現金堂は当初薬師如来を本尊として他に二像、計三体の像を安置する薬師堂であった。しかし一方で、室生寺では、創建後まもないころから真言密教が流入し、鎌倉時代のころには、寺は興福寺の末寺であっても内容的には真言密教の寺となりつつあった。

そこで室町時代の末期ごろ、本寺である興福寺側はこの薬師堂に大改変を加え、これまでの本尊薬師如来像をそのまま本尊とするが尊名を釈迦如来と変え（たまたま本尊薬師如来像の形相に融通があり、釈迦如来像といっても通用する形相であった）、さらに他所から数体の仏像を持ちこみ、薬師如来・文殊菩薩・地蔵菩薩・十一面観音菩薩を揃え、合計五体の仏像を**図表5**のような配置で安置した。

この五体はまさに春日五神の本地仏を揃えたことを意味する。本寺の興福寺側が、真言密教に圧倒されつつあった室生寺を、みずからの末寺であることの証として薬師堂に大改変を加え、堂名も金堂と改め、春日五神本地仏を安置して対抗したものと考えられる。現在の金堂をみると、五像の前に、本来薬師如来に付属する十二神将像（鎌倉時代の作という）が安置されていること、本尊釈迦如来の光背に七仏薬師が付されていること、金堂の前面に後世付加された礼堂《らいどう》の東西にある板蟇股《いたかえるまた》に薬壺《やっこ》の線彫があることなど、すべてこの堂が本来薬師堂であり、本尊が薬師如来であったことを、今なお静かに語り伝えているのである。室生寺金堂の場合、以上のような複雑な寺の歴史的事情の中で、春日五神本地仏が奇妙にも安置されたという珍しい事例といえよう。

信仰の広がり

本地仏の設定・本地仏の造像安置は、本地垂迹説を具体的に説明するものとして、この説が普及する上で効果的であった。特に本地仏が造像され安置されると、いま拝している神の本地の姿が形となって眼前に実見されるのであるから、信仰上の効果はきわめて高いといえよう。そればかりではない。本地垂迹説には単に習合の理論化という面だけでなく、別の面でも大きな意味があった。

古来、わが国の神祇は氏神的な地域性（地域的閉鎖性）をもつが（第二章参照）、本地仏をもつことにより、地域を超えた一般的なものとなって、より広い信仰が得られる。また、それぞれの神祇の利益が、本地仏をもつことにより、それぞれに新たな特徴が加わることになってきて、祈願・祈禱・加持などが盛大な習合的宗教儀礼を伴うことから、大衆を一層ひきつけることとなった。

さらには、祭神にみる父神・母神・子神といった家族的関係が、本地仏を設定することによって、脇侍《きょうじ》（本尊をはさんで左右に立つ仏・菩薩）・眷属《けんぞく》（従者）・護法神などの観念に置きかえられて、容易に、一層多数の合祀《ごうし》（二柱《ふたはしら》以上の神を一つの神社に祀ること）・配祀《はいし》（主神にそえて、同じ神社内に他の神を祀ること）または摂社《せっしゃ》（本社に付属した本社に縁故の深い神を祀る神社）・末社（本社に付属する小さな神社）の神々をつくり出し、主神の機能も細分化されてそれらの神々に分与されていく。こういった祭神の細分化・複数化により参詣者のさまざまな祈願内容に対応できることになった。

要するに、本地垂迹説は、神祇側にとっても、仏教側にとっても、大衆の信仰を集める上できわめて有効な手段となりえたのである。仏教教義に理解のある知識層にあっては、本地仏個々についても深い意味があり本地垂迹の理論を大いに深めたであろうし、一般大衆の間では、この神は何々仏の化現《けげん》である（権現様として）といった調子で、ごく素朴なものとして受けとめられたことであろう。

いずれにしても、本地垂迹説は習合思想の主流となったのであり、明治初年の神仏分離まで続いていく。

習合の美術

本地垂迹説を具体化し普及させる上で、もう一つ見落せないものとして習合の美術がある。本格的な習合の美術は神像彫刻に始まる。

この面でも他に先んじたのが八幡神の造像であった。遺例として古いものを取り上げると、著名なのは薬師寺鎮守八幡宮の三神像で、僧形《そうぎょう》八幡神像と二体の女神像（神功皇后と仲津姫と伝える。写真25―(1)(2)(3)参照）で構成される。薬師寺への八幡神の勧請は寛平八年（八九六年）とされ（『薬師寺古記録抜粋』）、鎮守八幡宮成立時の作と考えられる。様式の上からも平安時代初期木彫の力強い刀法によって刻まれている。三体とも鮮やかな彩色が施されており、しかも、彩色の基調には丹朱《たんしゅ》が用いられている。朱は古代における神秘の色と考えられた。丹朱を着彩することによって神秘的な生命力が強く発揮されると信じられたのであろう。神像は明らかに仏像彫刻の影響のもとに発生し（思想的には前章で扱った神に菩薩号を奉献することに端を発したと考えられる）、それ自体、神仏習合の所産であるが、丹朱の着彩に神像のいわば神性が見出されるのである。

薬師寺三神像よりやや先行するものとして、東寺（教王護国寺）御影堂《みえいどう》に祀られる八幡三神像（最初は境内八幡宮に神体として祀られていた）は等身の坐像で、ほぼ一木造の堂々たる平

(1)僧形八幡神像

(3)伝仲津姫像

(2)伝神功皇后像

写真25　薬師寺八幡三神像（飛鳥園写真）

安時代初期の彫刻である。ここにも彩色の基調に丹朱がうかがえる。これらに続くものとして、奈多宮（コラム10参照）にも八幡三神像があり、素朴な感じであるが、様式的には平安時代後期（藤原期）のものとみられる。

その後八幡神の全国的広がり（詳細は第八章参照）とともに八幡神像は各地で造像されていく。その他の神像彫刻としては、平安時代初期の松尾大社（京都）三神像、同時代後期の吉野水分《みくまり》神社の玉依《たまより》姫神像などがある。特に松尾大社の神像には丹朱のあとが指摘されている。

神像彫刻の登場よりやや遅れて登場するのが垂迹絵画で、本地垂迹説の普及とともに盛んとなる。先に述べた本地仏の造像もこれと同様な意味あいをもつが、特に絵画の場合は異彩を放つ。つまり、絵画という性格を生かし、本地垂迹のさまざまな形態をより具体的な形で表現することに成功している。垂迹絵画を大別すると、一に神影図、二に習合曼荼《まんだ》羅《ら》となるが、習合曼荼羅はさらに細分されて垂迹曼荼羅・宮曼荼羅・参詣曼荼羅などに分類される。

まず、神影図（影向図《ようごうず》ともいう）から取り上げよう。本来、象徴的な無形の存在として精神的に認識されるのが神であろう。これを具体的に造形しようとすれば、人間的な形姿を借りるのが常である。平素はめったに姿を現わさない神々が、何かの瞬間に、あるいは何かの必要が生じたときに、はからずも、つかのまの幻影のごとくに眼前に現われた姿の造形であるという。このような神影図の中には習合によるものも多い。八幡神関係のものとしては、神護寺の僧形八幡神影図や仁和寺の僧形八幡神影向図などが代表的なものである。

その他の神としては、高野山金剛峰寺《こんごうぶじ》に狩場明神・丹生《にう》明神神影図がある。狩場明神(高野明神)は狩人姿で弓矢を持ち白黒二犬をつれているが、頭上に月輪《がちりん》が描かれ、その中に蓮華にのる金剛界大日如来の種子を出す。丹生明神は女官姿で、上方中央の月輪には蓮華にのる胎蔵界大日如来の種子が描かれている。醍醐寺の清瀧《せいりゅう》権現影向図(畠山記念館蔵)は、権現ということ自体垂迹に伴うものであるが、影向図としての美的表現にもすぐれている。

また、藤田美術館の春日明神影向図は、春日明神が俗体で黒袍の束帯を着し、牛車で関白家の北庭に影向したところを描き、上部に春日五神の本地仏が五つの円相中に描き出される。さらに、春日社の鹿曼荼羅の類も神影図の範疇《はんちゅう》に入るであろう。春日社や徳川美術館の鹿島立神影図、陽明文庫や宮地家の春日鹿曼荼羅がそれで、前者は白鹿の背に束帯の貴人(鹿島明神)が乗り、上方に円鏡をかけた藤の木を、下方には狩衣姿の随身二人を描き、円鏡内には春日五神の本地仏を金泥で描き出している。後者のうち宮地家のものは、白鹿の上に大きな円鏡を描き、その中に春日第四殿の本地仏である十一面観音を描き出す。また、興福寺の春日鹿曼荼羅（写真26参照）も同様の構図であり、円鏡内の五神本地仏が実に明確に描かれ、画面上部には御蓋山《みかさやま》に出る月、下部には春日社の社殿と鳥居も描かれている。

次に習合曼荼羅の方を概観しよう。その一として垂迹曼荼羅（本垂曼荼羅）は、文字通り各地に祀る神々の本地垂迹関係を表わしたもので、この中には図像本位のものと絵画的なものとがある。西教寺や正源寺・浄厳院の（日吉）山王諸神曼荼羅、旧観音寺蔵の山王本地仏曼荼羅、延暦寺の山王諸神本地仏曼荼羅、根津美術館の山王諸神を描く曼荼羅厨子《ずし》、来迎寺の八幡図像曼荼羅、静嘉堂文庫の熊野垂迹曼荼羅、高山寺の熊野八葉曼荼羅、西大

写真26　春日鹿曼荼羅
（興福寺蔵、飛鳥園写真）

寺の吉野諸神曼荼羅などは図像曼荼羅というべきである。これに対して、東京国立博物館の春日本地仏曼荼羅、百済寺の日吉社神仏曼荼羅、八角院の八幡曼荼羅、聖護院の熊野本地曼荼羅などは、絵画的な垂迹曼荼羅であるといえよう。

その二として宮曼荼羅というのは、各社において、社殿を中心に周囲の自然を描き、そこに祀られる諸神の本地仏を描きこんだもので、神秘的にして美しいものが多い。根津美術館や柳原義光氏蔵・湯木家蔵・能満院の春日宮曼荼羅、正木家蔵や興福寺所蔵の春日社頭と興福寺の仏像群や伽藍群を描いたもの、奈良国立博物館の日吉神体山曼荼羅、大和文華館の山王宮曼荼羅、大倉集古館や根津美術館・栗棘《りっきょく》庵《あん》の石清水八幡宮曼荼羅、クリーブランド美術館の熊野三山曼荼羅、生駒《いこま》社の生駒曼荼羅などがこれに属する。

写真27　那智参詣曼荼羅
（熊野那智大社蔵、飛鳥園写真）

その三としての参詣曼荼羅は、室町時代以降に大衆の寺社参詣が盛んになるにつれ、描かれ始めた。この中にも、たとえば浅間神社の富士参詣曼荼羅、北野天満宮の北野参詣曼荼羅、熊野那智社の那智参詣曼荼羅（写真27参照）など、本地垂迹の要素を豊かに描きあげているものが多くある。

【コラム11　反本地垂迹説】

本章ではもっぱら本地垂迹説について述べてきた。この説は、要するに仏が根本であり神は仮の姿であることを主張した。この説を中心に、神に対する理論づけの試みがなされるようになり、中世の期間中に四つの神道論の誕生をみた。

すなわち、伊勢神道・山王神道・両部神道・唯一神道がそれである。このうち、山王神道（天台の神道）・両部神道（真言の神道）の二つは僧侶による研究の結果、生み出された神道論であり、その理論的拠所は本地垂迹説であったことはいうまでもない。ところが、伊勢神道と唯一神道は本地垂迹説に対抗するものとして出現するので注目される。ここではこの二つの神道論について述べておこう。

伊勢神道は伊勢に起こった神道なのでこの名がある。これは、伊勢外宮《げくう》（伊勢神宮は内宮《ないくう》と外宮から成り立っている）の神官度会《わたらい》氏が唱えたもので、度会家行（一二五六～一三六二年）によって大成された。その成立は、「神道五部書」（『御鎮座次第記《ごちんざしだいき》』・『御鎮座伝記』・『御鎮座本紀《ほんぎ》』・『宝基本記《ほうきほんぎ》』・『倭姫命世記《やまとひめのみことせいき》』の五書）の成立をもっていう。五部書の成立時期は従来諸説あったが、建治三年（一二七七年）九月から弘安三年（一二八〇年）六月にいたる時期に求められるようになった。まさに未曾有《みぞう》の国難と称された元寇《げんこう》の時期に相当する。

五部書のいうところ、神徳とともに国家の永久性を説き、それを明示するものとして、三種の神器と神勅（『古事記』天孫降臨条、『日本書紀』天孫降臨条第一の一書にもとづく）に焦点を置く。その理論化は仏教臭を排除しようとする意図から出たもので、易や老荘の思想を用いてなされている。従来の神国思想においては、神の加護を受ける国という観念のもとに説かれていた。しかし五部書では、一歩進んで、神明と天皇とが一体であり、神器と皇位が一体であることを強調している。これを踏まえて、このような神道の本義を体認するためには、清浄と正直とをもって神の心に接することを必要とし、万事は一心より起こるのであり、みずからの心を清め正しくすることでなければならないとする。

ここで注意するべきは神と仏の峻別であろう。これまでの神仏習合思想をぬぐいすて、仏教その他の思想的影響から神道の自主独立を促している。神道古来の姿を意識し、神道みずからが明確な理論と主張をもとうとしていることに、大きな意義がある。これを受け、伊勢神道を体系化したのは度会家行である。彼の代表的著作である『類聚神祇本源《るいじゅうじんぎほんげん》』によると、仏教の流布を神道の化現であるとしており、神主仏従の思想をうち出している。本コラムの表題に掲げた「反本地垂迹説」というところまでは明確化していないが、少なくとも、その方向に向かいつつあったことは確かである。

中世神道論の最後に登場するのが、京都の吉田山（吉田神社）に発する唯一神道（吉田神道）である。この神道論は、吉田神社々家の吉田兼倶《かねとも》（卜部《うらべ》兼倶）によって確立されたものであり、兼倶の『唯一神道名法要集《ゆいつしんとうみょうほうようしゅう》』に典型的な形となって現われる。彼は豊かな卜部家の家学の伝統と成果を背景に吉田卜部家の神道を確立したのである。『唯一神道名法要集』がいつ成立したかはさだかでないが、彼が日蓮宗との間に論争を起こした明応六年（一四九七年）の前後といわれている。時は室町時代も末期の戦国乱世に突入していた。

『唯一神道名法要集』にみる兼倶の神道論は、まず、これまでの神道を分類して、本迹縁《ほんじやくえん》起《ぎ》神道・両部習合神道とし、新たに元本宗源《げんぽんそうげん》神道を提唱する。そして、仏法は万法の花実、儒教は万法の枝葉であり、神道は万法の根本であって、仏教・儒教はみな神道の分化にすぎないという。ここに、仏教・儒教の説を用いながらも、神道を主（根本）とすることが〝唯一神道〟の主張となる。元本宗源神道・唯一神道、両者の意味するところは同一である。

鎌倉時代からしだいに芽生えてきた反本地垂迹説への方向が唯一神道の成立によって明確なものとなった。伊勢神道の神主仏従から唯一神道の神本仏迹（つまり反本地垂迹）への思想の逆転は注目に値するものであるとともに、それが未曾有の国難といわれ、戦国乱世といわれた屈指の激動期に関わっていることも、大いに考えさせられることであろう。

【コラム12　僧形八幡神像】

先に扱った習合美術のうち、八幡神像はことごとく僧形八幡神像として造形されている。初期のころのものとしては薬師寺の三神像中のもの（写真25―(1)参照）、後世のものとしては東大寺僧形八幡神像（写真24参照）が特にすぐれていた。まさに形相は僧の姿である。また、絵画においても、神護寺僧形八幡神影図・仁和寺僧形八幡神影向図は名のごとく僧形八幡神であり、仁和寺の八幡三神画像も僧形八幡神を中心にしている。さらに曼荼羅の中にも、来迎寺の八幡神垂迹曼荼羅のように僧形で描かれているものもある。このように、八幡神が造像されたり描かれたりする場合、僧形とすることが基本となっていく。

これは一体、どのようなことによるのであろうか。多くの読者はもう察しておられることと思うが、前章で述べたように、八幡大神は奈良時代末期には「八幡大菩薩」と菩薩号を奉献されており、さらに「護国霊験威力神通大自在王菩薩」と、その性格を一段と明確にして顕現した。一方、同じころ、八幡大神が出家したという伝承も流布し（『託宣集』巻十）、大菩薩と出家伝承が重なり合うところに、八幡神の造形を「僧形」とした源流があると考えられよう。

八百万神《やおよろずのかみ》といわれる日本の神々の中で、八幡神以外の神が僧形で造形される例はほとんど聞かない。また、神に菩薩号を奉献する風潮も一時期確かに存在したが、これも後世まで定着するのは「八幡大菩薩」のみであり（八幡神とか八幡大神というい方は、文献上でも一応奈良時代で終わる）、他の神々には定着しなかった。むしろ、他の神々の場合、「〇〇明神」・

「○○大明神」とか「○○権現」・「○○大権現」の呼称が定着していく。

このように、八幡神が呼称の上でも、造形の上でも、他の神々と異なることは注意するべき点である。第三、四章で確認したように、この神は成立の時点で仏教を内在しており、法蓮との提携でさらに仏教色を強め、八幡大菩薩の顕現で仏教的な神としての性格を一層鮮明にした。

仏教色を強めるごとに成長した神、「仏神」たるゆえんが、「八幡大菩薩」の呼称と「僧形八幡神」の造形様式を定着させたといえよう。まさに神仏習合の神であり、神仏習合を常に先導する神であった。

第七章　八幡仏教徒の国東進出

これまで、八幡神(八幡大菩薩)と神仏習合をめぐって、どちらかといえば表面の世界を主に記述してきた。ここでは翻《ひるがえ》って八幡神の裏面の世界を見つめていくことにしたい。

御許山から国東半島へ

もとより仏教を内在した八幡神は、成立後間もなく法蓮の仏教をとり入れて一段と仏教色を強め、八幡大菩薩の顕現によりさらに仏教色を強め仏神として成長した。したがって法蓮のとき以来、八幡宮に僧集団が存在しており、その流れは当然ながら神宮寺の弥勒寺に引き継がれていった。

彦山での修行により、弥勒信仰を核とする仏教を身につけた法蓮は、八幡宮との提携後、弟子をひきつれ、最初の修行場を御許山に求めた。御許山は宇佐地方における古来の神体山信仰の霊地であり(第三章参照)、八幡宮成立後は奥宮として崇敬されていた。法蓮らがこの霊地を最初の修行場としたことは当然のことであろう(後に御許山内に霊山寺などを中心とした諸堂諸院坊ができる)。

山岳修行者たちは、さらによき修行場を求めて駆けめぐる。必然的にたどり着いたのが、宇佐地方に隣接する国東《くにさき》半島の山々であった。法蓮自身が国東の山中に入ったか否

写真28　両子山

か、また彼の没年についてはさだかでない。彼の二度目の褒賞が養老五年（七二一年）であった（第四章参照）から、これが晩年であれば八世紀前半のある時期まで生存したであろう。法蓮も国東の山中に少しは入った可能性が強い。

国東半島については、まず半島そのものについて略述する要があるだろう。国東半島は両子山《ふたごさん》（七二一メートル、写真28参照）を中心とするコニーデ式火山からなる。半島内を流れる幾本もの河川はすべて両子山に源を発する。これらの河川は放射状の谷を造りながら海岸に至っており、谷間のわずかの土地が農地で、河口部を中心に海岸には多くの良港が発達した。半島中部は溶岩による奇岩や奇峰・洞窟が多くあり、古来山岳修行者による格好の道場となった。

国東半島は豊後国に属しながら、隣接する豊前国宇佐地方との関わりが深かった。先述の奈多宮（コラム10参照）などはその典型的な例といえよう。奈良時代、宇佐の八幡宮に施入された封戸には、当半島の来縄《くなわ》・安岐《あき》・武蔵《むさし》の三郷が含まれていた。平安時代後期には、半島南部に田染《たしぶ》荘・田原別符《たわらべっぷ》などの宇佐宮領荘園が成立、先述の宇佐宮封戸も荘園化して同宮領となった。また、宇佐宮弥勒寺領荘園が成立し浦部十五荘と称された。こうした動向を踏まえて、宇佐宮および弥勒寺の影響は文化面でも色濃く及ぼされることになったのである。

六郷山寺院の組織化

国東半島における信仰の先駆は、他地域と同様に、山々は神の坐《ま》すところとして麓の住民から崇敬されていたと考えられる。とりわけ両子山は、半島各地から総神奈備《かんなび》的な存在として崇敬されたであろう（第一章、コラム1参照）。

そのような所に、法蓮やその弟子たちが入りこみ修行を始めたのである。八世紀（奈良時代）半ばまでの時期であったと考えられよう。山岳での修行は長期にわたることが多く、仏教経典に基づく厳しいものであり、そこには修行の拠点としての小寺院（山岳寺院）を必要とした。

国東半島の山中に出現した小規模な山岳寺院は少しずつ増えはじめ、平安時代には天台宗に属した宇佐宮弥勒寺の影響下に組織化が進められた。つまり、六郷満山の組織である(**図表6**参照)。

この名称の由来は、国東半島の山々が来縄・田染・伊美《いみ》・国崎《くにさき》・武蔵・安岐の六郷に及んでおり、そこに点在する山岳寺院が、『法華経』八巻二十八品になぞらえて二十八ヵ寺設定され、これらとその末寺を含めた六十五ヵ寺(この総数も時期によって相当に異なる)を六郷満山という。

その成立は徐々に起こり、これまで十二世紀の『仁安三年六郷二十八山本寺目録』(仁安三年は一一六八年)の前後を全盛期とみてきたが、現在では『仁安目録』は江戸時代に書かれたものと考えられている。むしろ、安貞二年(一二二八年)の『豊後国六郷山請勤行並諸堂役諸祭等目録』(『安貞目録』)や建武四年(一三三七年)の『六郷山本中末寺次第並四至等注文案』(『建武注文案』)によるべきであるとされるようになった。

いずれにしても、六郷満山の全盛期は平安時代末期から鎌倉時代・室町時代初期とみてよかろう。図表6は『仁安目録』によるものであるが、最近の踏査結果である。今では、住職のいない無住となった寺院や所在すらわからなくなってしまった寺院もあり、その衰微の様子がうかがえよう。

六郷満山は、先に述べたように、法蓮一派の八幡仏教徒による山岳修行の場として開か

山号	寺院名	組織	所在地	備考
夷　　山	霊仙寺	中山本寺	豊後高田市夷	現住
補陀落山	千燈寺	中山本寺	国東市国見町千燈	現住
足 曳 山	両子寺	中山本寺	国東市安岐町両子	現住
久 末 山	護国寺	中山本寺	国東市安岐町朝来	現・護聖寺(禅)
横 城 山	東光寺	中山本寺	杵築市横城	無住
	大満房	中山末寺	豊後高田市長岩屋	廃寺
	付属寺	中山末寺		不明
玉 井 山	光明寺	中山末寺	豊後高田市美和	廃寺
	多福院	中山末寺	豊後高田市美和	無住
	光明寺	中山末寺		不明
唐 渓 山	弥勒寺	中山末寺	豊後高田市城前	無住
毘沙門山	多宝院	中山末寺	豊後高田市大岩屋有寺	無住
吉 水 山	万福寺	中山末寺	国東市国見町櫛海	現・禅寺
野 田 山	平等寺	中山末寺	国東市国見町野田	無住
	真覚寺	中山末寺	国東市国見町野田	廃寺
医 王 山	丸小野寺	中山末寺	国東市武蔵町丸小野	現住
西 方 山	清浄光寺	末山本寺	国東市国見町西方寺	無住
見 地 山	東光寺	末山本寺	国東市見地	廃寺
大 嶽 山	神宮寺	末山本寺	国東市横手	現住
峨 眉 山	文殊仙寺	末山本寺	国東市大恩寺	現住
石 立 山	岩戸寺	末山本寺	国東市岩戸寺	現住
龍 下 山	成仏寺	末山本寺	国東市成仏	現住
参 社 山	行入寺	末山本寺	国東市横手行入	現住
小 城 山	宝命寺	末山本寺	国東市武蔵町小城	無住
懸 樋 山	清岩寺	末山本寺	国東市安岐町掛樋	廃寺
	虚空蔵寺	末山末寺	国東市成仏	廃寺
岩 屋 山	浄土寺	末山末寺	国東市岩屋	廃寺
峨 嵋 山	吉祥寺	末山末寺	国東市浜崎	無住
	貴福寺	末山末寺	国東市富来	廃寺
	上品寺	末山末寺	国東市武蔵町(土品寺のことかとの説あり)	廃寺
金 剛 山	報恩寺	末山末寺	国東市武蔵町麻田	現住
杉　　山	瑠璃光寺	末山末寺	国東市安芸町糸永	現住
	願成就寺	末山末寺	速見郡日出町藤原	現住

図表6　『仁安目録』などに記載の六郷満山寺院
（後藤正二氏の踏査による）

山号	寺院名	組織	所在地	備考
後　　山	金剛寺	本山本寺	宇佐市立石	廃寺
吉 水 山	霊亀寺	本山本寺	宇佐市両戒	現・福昌寺(禅)
津波戸山	水月寺	本山本寺	杵築市山香町向野	廃寺
大 折 山	報恩寺	本山本寺	豊後高田市上来縄	無住
鞍 懸 山	神宮寺	本山本寺	豊後高田市佐野	廃寺
西 叡 山	高山寺	本山本寺	豊後高田市小田原	廃寺
良 薬 山	智恩寺	本山本寺	豊後高田市鼎智恩寺	無住
馬 城 山	伝乗寺	本山本寺	豊後高田市真木	無住
辻小野山	西明寺	本山末寺	杵築市山香町内河野	無住
小 渓 山	大谷寺	本山末寺	杵築市山香町内河野小谷	廃寺
中津尾山	観音寺	本山末寺	杵築市山香町向野	無住
西 蓮 山	間戸寺	本山末寺	豊後高田市真中	廃寺
轆 轤 山	正光寺	本山末寺	豊後高田市嶺崎	廃寺
麟 治 山	妙覚寺	本山末寺	豊後高田市荒尾	現・禅寺
海 見 山	来迎寺	本山末寺	豊後高田市玉津	無住
蓮 華 山	富貴寺	本山末寺	豊後高田市蕗	現住
石 倉 山	清滝寺	本山末寺	豊後高田市嶺崎	廃寺
	文伝寺	本山末寺	(横峰の泉源寺とする説あり)	不明
良 医 山	西山寺	本山末寺	豊後高田市嶺崎	廃寺
稲 積 山	慈恩寺	本山末寺	豊後高田市平野	現・禅寺
日 野 山	岩脇寺	本山末寺	豊後高田市嶺崎	無住
烏 目 山	愛敬寺	本山末寺	豊後高田市嶺崎	廃寺
今 熊 山	胎蔵寺	本山末寺	豊後高田市平野	現住
	光明寺	本山末寺		不明
	宝寿房	本山末寺	豊後高田市真中	廃寺
	随求房	本山末寺	豊後高田市真中	廃寺
長岩屋山	天念寺	中山本寺	豊後高田市長岩屋	無住
金 剛 山	長安寺	中山本寺	豊後高田市加礼川	現住
加礼川山	道脇寺	中山本寺	豊後高田市加礼川	廃寺
黒 土 山	本松房	中山本寺	豊後高田市黒土	廃寺
小岩屋山	無動寺	中山本寺	豊後高田市黒土	現住
大岩屋山	応暦寺	中山本寺	豊後高田市大岩屋	現住

れていった。平安時代後半には修験道に吸収され、天台系修験道の修行と信仰の場となった。しかし、天台系修験というのは、六郷満山では表面的なものであり、その実は、人聞《にんもん》菩薩伝承が伴ったり、六所権現（あるいは三所権現）を祀ったりするところから、八幡系修験であったといえよう（コラム13・14参照）。

山岳の寺院と石造美術

六郷満山寺院中、かつての面影を今に伝えるものは少なくなっている。六郷満山の寺々は、図表6でもわかる通り本山《もとやま》・中山《なかやま》・末山《すえやま》と大きく区分されるが、本山寺院は宇佐の御許山に近い豊後高田市内に集中し、中山・末山の寺院は半島内陸部から東部の海岸部に集中するという分布を示し、時代的には本山本寺の建立が古く、中山・末山の順となる。また、伽藍配置では横長に展開するものと縦長に展開するものとがある。

若干の寺院を紹介しよう。六郷山寺院の原型を今に伝えるものとして金剛山長安寺（県史跡・豊後高田市加礼川《かれがわ》）がある。当寺は中山本寺に属し、『安貞目録』では「惣山」とあり、六郷満山を統括する立場にあったらしい。伽藍配置は縦長の直線的配置で、最高所の六所権現社まで三五〇メートルの参道がのびており、六所権現社にはかつて太郎天・二童子像（国重文）が安置されていた（現在は同寺の所蔵）。

写真29　川中不動

長岩屋山天念寺（県史跡・豊後高田市長岩屋）は長岩屋のほぼ中央にあり、中山本寺で本堂・庫裏《くり》・講堂・六所権現社などから成り立っていたが、昭和十六年（一九四一年）の洪水で、講堂・六所権現社・川中不動（写真29参照）を残すのみで旧状は失なわれた。現在は岩山を背に川に面した狭い地に伽藍が横長に配置されている。

洪水の難を逃れた講堂では、旧暦の一月七日に修正《しゅじょう》鬼《おに》会《え》（国重要無形民俗文化財）が行なわれている。修正鬼会の起源はさだかでないが、平安時代に「修正会」の名称が記録にみえ、「鬼会」の語は鎌倉時代になってみえる。中世から近世にかけて、六郷山各寺院で盛んに行なわれていた最大の農耕儀礼であったが、近年著しく衰退した。

写真30　富貴寺大堂

現在、修正鬼会を行なっているのは、ここ天念寺の他に、岩戸寺（県史跡・国東市岩戸寺）と成仏寺（国東市成仏）が隔年で実施している（いずれの鬼会も国重要無形民俗文化財）。

六郷満山中、一般には最も知られている蓮華山富《ふ》貴寺《きじ》（豊後高田市蕗）を取り上げよう。当寺は本山末寺に位置づけられているが、かつては「蕗浦《ふきうら》阿弥陀寺」といった。つまり、当寺は六郷満山寺院ではなかったことがうかがえよう。

当寺を有名にしているのは、創建当初より存在する阿弥陀堂で、「富貴寺大堂《おおどう》」（国宝・**写真30**参照）として知られている。平安時代中期より天台系浄土教が隆盛をきわめ、荘厳《しょうごん》の限りをつくした法成寺《ほうじょうじ》・平等院等の浄土教寺院が出現し、末期には中央のものにも劣らない浄土教寺院が地方に進出した。その一つが富貴寺大堂である。

写真31　両子寺

大堂内部の壁画（国重文）および阿弥陀如来坐像と脇侍（県有文）は貴重で、これらの仏教美術は、真木大堂（豊後高田市真木）の木造阿弥陀如来坐像・不動明王二童子立像・大威徳明王像・四天王像（いずれも国重文）とともに、六郷山を代表するものといえよう。

真木大堂とは、かつて存在した「馬城山伝乗寺」が廃絶した跡に建立、先述の仏像群がここに集められ、地域の人々の篤い信仰に支えられて今に伝えられている。

もう一つ、半島の中央部に位置する足曳山両子寺《あしびきさんふたごじ》（国東市安岐町両子）をみておきたい。中山本寺に位置づけられ、両子山中腹にある。境内は縦長の伽藍配置をとり、無明橋を渡ると石造仁王像が立ち（**写真31**参照）、さらに石段を登ると諸堂がある。

六郷満山寺院中の若干のものを取り上げてきた。

写真32　熊野磨崖仏

地形とも関係して縦長・横長の伽藍配置をとるが、今では縦長の伽藍の方に六郷山らしさを一段と感じるのである。この半島の寺社を訪れると、必ずといってよいほど、その入口または石段の両脇に、両子寺でみたような石造仁王像が立っているのも印象的であろう。

国東半島には、石造仁王像も含めて各種の石造美術が豊富であることに気づく。まさにここは石造美術の宝庫である。どこへ行っても何らかの石造美術に出会うが、中でも代表的なものは磨崖仏《まがいぶつ》と国東塔（宝塔の一種）である。若干取り上げてみよう。

特に熊野磨崖仏（国史跡・豊後高田市平野）は多くの人に知られている。六郷山寺院の胎蔵寺から旧鎮守熊野神社へ通じる山道を登りつめると、人を圧する巨大な磨崖仏が二体並んでいる。左が不動明王、右が大日如来である。

右のやや小さな大日如来（像高約七メートル）の方が古く、平安時代中期の造像とみられ、頭部は厚肉彫りで、体部は下へ行くほど浅く刻まれている。左の一段と巨大な方は不動明王像（像高約八メートル・写真32参照）で、十二世紀後半の造像と考えられ、体部下半身の表現ははっきりしない。

なお、熊野磨崖仏前は六郷満山峯入りの出発点でもある。行者たちは御許山に集まり、下山して宇佐神宮本殿で参拝・読経して翌日ここに至る。まずここで開白護摩《かいびゃくごま》の儀式をなした後、富貴寺・智恩寺・長安寺・天念寺・応暦寺・霊仙寺・千燈寺《じ》・岩戸寺・文殊仙寺・丸小野《まるおの》寺・瑠璃光寺などをめぐって、最後に両子寺に到着して終る。

熊野磨崖仏には付として元宮磨崖仏（豊後高田市真中）・鍋山磨崖仏（同市鍋山）が国史跡に指定されている。

写真33　岩戸寺国東塔

最後に国東塔に触れておく。半

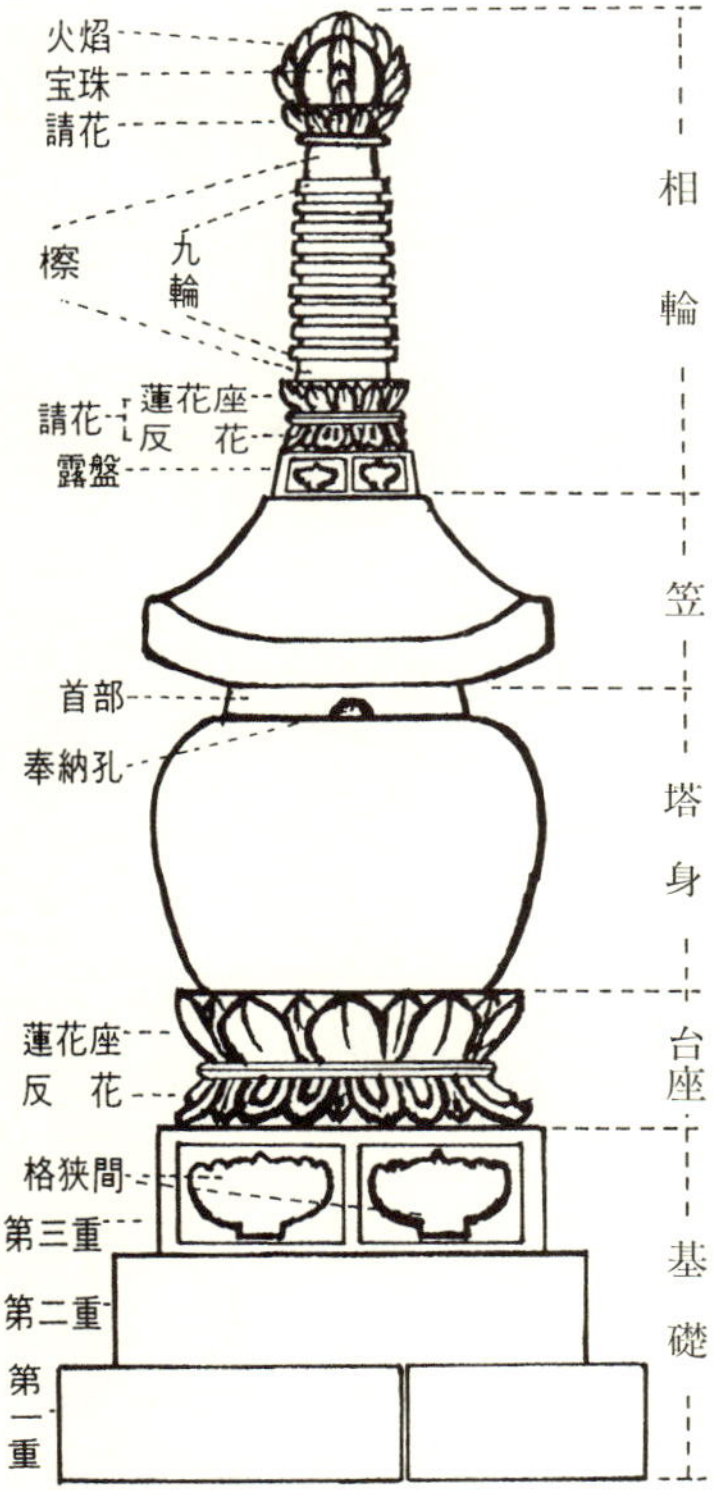

図表7　岩戸寺国東塔説明図
（入江英親氏図）

島内には無数に存在する（半島外にも若干ある）宝塔で、塔身を請花《うけはな》・反花《かえりはな》をつけた蓮花座上にのせ、相輪の宝珠には火焔《かえん》がつく。全体に通常の宝塔よりも造りが丁寧で優雅な造型となっている。

岩戸寺国東塔（国重文・**写真33**・**図表7**参照）はその代表的なものであり、他にも長木《ちょうき》家国東塔（国東市東堅来）・財前《ざいぜん》家国東塔（杵築市大田小野）などは特にすぐれている（いずれも国重文）。

八幡文化圏の完結

本書の第三章から第六章までで扱った八幡神の成立、八幡大神・八幡大菩薩への発展、本章で扱った八幡仏教徒の国東進出によって、この仏神の地元（宇佐・国東地方）での足跡がほぼ完結した（一部次章に残るが）。この範囲を私は八幡文化圏と名づけている（平成十八年〈二〇〇六年〉七月十五日、宇佐神宮・国東半島を世界遺産にする会における私の講演で提唱）。八幡文化圏は第Ⅰ期と第Ⅱ期に分類できる（**地図10**参照）。

第Ⅰ期八幡文化圏と遺産から述べていこう。この地域は、八幡神・八幡大菩薩が成立していった地域である。その歴史的展開は、第三章から第六章で述べたところに相当する。したがって、この文化圏は時期的に古く、ほぼ奈良時代までの八幡文化が花開いた文化圏であるといえよう。

つまり、これにともなった文化遺産を多く有する文化圏であるが、誤解してはならないことがある。この文化圏が奈良時代までの八幡神・八幡大菩薩の成立にかかわる文化を形成した地域といっても、現在みる文化遺産がすべてその時期のものと考えてはならない。むしろ後世に成ったものの方が多い。すなわち、後世に成ったものでも、八幡神・八幡大菩薩の成立に強く関わっている文化遺産という意味で理解していただきたい。

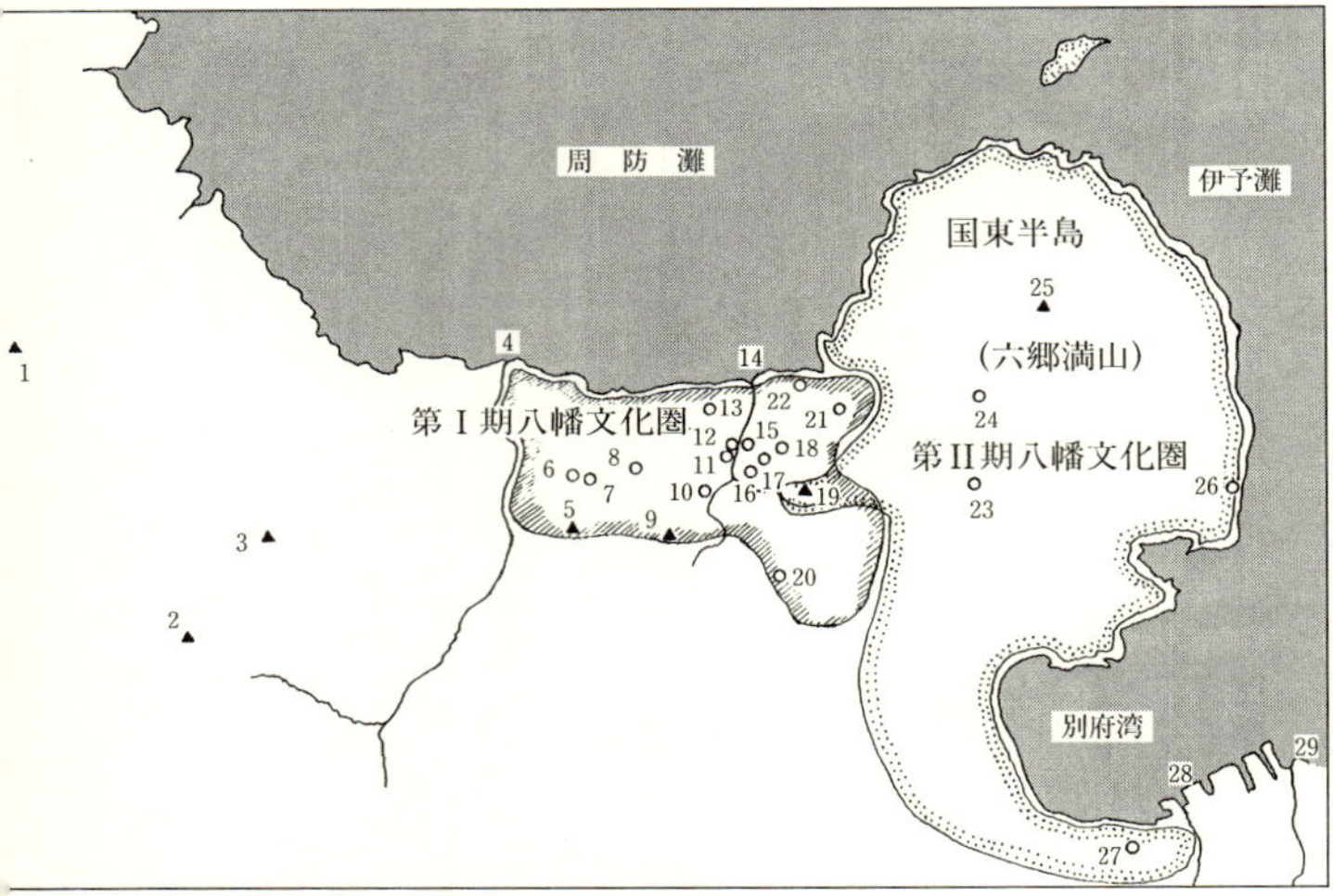

1，香春岳　2，英彦山　3，求菩提山　4，山国川　5，八面山　6，三角池・薦社　7，古要社　8，大根川社　9，稲積山　10，虚空蔵寺跡　11，瀬社　12，泉社　13，乙咩社　14，駅館川　15，鷹居社　16，小山田社　17，宇佐神宮・弥勒寺跡　18，大尾社　19，御許山　20，妻垣社　21，田笛社　22，和間神社　23，熊野磨崖仏　24，富貴寺　25，両子山　26，奈多八幡宮　27，柞原八幡宮　28，大分川　29，大野川

地図10　八幡文化圏略図

第II期八幡文化圏と遺産に移る。この文化圏に属する地域は、宇佐に隣接する国東半島全域と現大分市に及ぶ範囲である。ただし、御許山が第I期と第II期に重なっている。つまり、御許山は第I期で重要な意味をもったが、第II期でも重要な役割を果たすからである。第II期八幡文化圏を特徴づけるものとして二つの要素がある。一は宇佐宮の宮寺形式や神事が発展的に波及したもの（次章参照）、二は八幡仏教のもつ山岳修行の一面が新たな方向に展開したものと、本地垂迹説による新たな八幡信仰の庶民的展開であろう。一は大分市と奈多にみられ、二は国東半島の六郷満山にみられる。この文化圏は、時期的に主として平安時代以降に形成した文化と遺産の存在した地域といえよう。

この文化圏の意義については、次章末で再び触れる。

【コラム13　人聞菩薩伝承】

国東半島の宗教文化を考える上で、避けて通ることのできないものとして、人聞《にんもん》菩薩伝承という難題がある。この半島に存在する六郷満山寺院の多くが、養老二年（七一八年）人聞菩薩開基と伝えており、人聞菩薩伝承は半島全域を覆っている（一部半島外にも及ぶ）。人聞菩薩とはいかなるものであるのか。この菩薩に関するもっとも古い文献は、平安時代末期の仁平二年（一一五二年）に成立した『人聞菩薩朝記』である。

『朝記』の内容はきわめて難解であるが、要は、八幡仏教を確立した法蓮に関わる彦山以来の山岳修行について述べ、これを御許山に結びつけることが主となっている。この中で、前書（『諸縁起』では廿二、『宮寺縁事抄』では〈裏書〉「人聞菩薩記文」として）に「八幡大菩薩、於前身人聞菩薩」とあり、本文半ばでは天徳五年（九六一年）以前として「始法蓮花金人聞菩薩等」とある。また、文末には「法蓮・久門・花金・太能・覚満」と僧名が並んでいる。このうち、「久門」を人門とみる見解もある（同じ十二世紀成立と考えられる『八幡本宮御許山六人行者撰朝記』には「法蓮・久門・花金・太能・覚満・人聞」とある）。

このように、『朝記』では人聞菩薩が八幡大菩薩の前身であったり、法蓮門下の一人の僧であったり混乱している。ただし、『朝記』の記述は御許山までであり、六郷山（両子山を中心とした国東半島の山々の総称）には及んでいない。安貞二年（一二二八年）の『六郷山諸勤行注進目録』（『太宰管内志』豊後之七所収）に至って、人聞菩薩は初めて六郷山と結びつく。『託宣集』巻十一も六郷山を「人聞菩薩久修練行之峯也」としている。

近世の諸文献、「天正十五年（一五八七年）正月二十日吉弘統幸願文」（『太宰管内志』豊後之八所引「屋山文書」）、『六郷開山仁聞大菩薩本紀』、『豊鐘善鳴録』（寛保二年〈一七四二年〉）五、『豊府紀聞』下、などになると、人聞菩薩はすべて「仁聞菩薩」と記され、突如、養老二年（七一八年）仁聞菩薩六郷山開山説が登場するのである。この段階に至っても、『朝記』

にみられた混乱はなお尾を引いている。

以上の流れからして、この菩薩の名称は本来「人聞菩薩」であることが自明である。人聞菩薩を神母・人母・聖母と深く考える説もあるが、ここは自然に、ごく単純に考えた方がよさそうである。法蓮とその弟子たちが、山岳で一心不乱に修行する姿を、いつしか人々が「菩薩」と受けとめ、それが伝わっていくうちに、人づてに聞く菩薩様となっていったのであろう。人聞菩薩は法蓮とその弟子たちの総称と受け取るべきである。


また、この伝承は法蓮が八幡宮に関わるようになってから、みずからの修行の場を八幡宮の奥宮である御許山にまず求めたことを示唆している。山岳修行者は常によりよい修行場を求めて渡り歩くので、宇佐に隣接する国東半島の山々をまさに格好の修行場としたことが考えられよう。八世紀の半ばころまでには六郷山に及んでいたと考えられる。その修行は、法蓮の彦山以来の山岳修行(いいかえれば八幡仏教の山岳修行)が基調となっていたことを忘れてはならない。

【コラム14　六郷満山と六所権現】

国東半島における信仰の先駆は、他地域と同様に、山々は神の坐すところとして麓の住民から崇敬されていたと考えられる。とりわけ両子山は、半島各地から総神奈備的な存在(第一章、コラム1参照)として崇敬されたであろう。

そういう状況下に、先述の法蓮とその弟子たちによる修行がおこなわれるようになり、人聞菩薩伝承を形成しながら、半島全体にわたる独特な山岳信仰に発展したとみられる。各地の仏教徒による山岳修行は、十世紀後半に成立したと考えられる修験道に吸収されていった。当半島においても修験化が進み国東修験として発展、これまでに存在した修行の拠点としての山岳小寺院も修験道場化していったであろう。

平安時代の六郷山は、宇佐宮寺の影響下に宮寺僧の行場化が進み、後には天台系修験による二十八寺同末寺三山組織（中国天台山より将来《しょうらい》された三山組織によると思われる）に編成され、いわゆる六郷満山の成立をみたのである（図表6参照）。

六郷満山の修験にとって一つの特色をなしていることは、六所権現（または三所権現）を祀るということであろう。六所権現について『太宰管内志』豊後之八条に、『六郷山諸勤行目録』を引いて、神功皇后・比売大神・隼別《はやぶさわけ》皇子・大葉枝《おおはえ》皇子・小葉枝《こはえ》皇子・雌鳥《めとり》ノ皇女を挙げている。また同註記として、仲哀天皇・神功皇后・応神天皇・比売神・仁徳天皇・宇《う》治若郎子《じのわかいらつこ》を挙げる。六所権現はいずれにしても神であり、しかも八幡系の神である。しかし、仏教側からみた場合は仏そのものである（第六章参照）。つまり、仏教側からすれば、仏（本地）であっても、それが垂迹して神（権現）となる。六郷山寺院では、六所権現社を中心に伽藍を形成した。

六郷山の修験は、一方で法蓮とその弟子を中心とした流れを基調とし、他方で六所権現を中心に伽藍を造る。表面的には天台系修験であっても、その実は、八幡系修験なのである。

第八章　八幡信仰の全国的広がりと神仏習合

大仏造立への協力と上京礼拝により、八幡大神の発展と朝廷の崇敬は最高潮に達し、歴史の表面に華々しく躍り出た。しかし、その後厭魅《えんみ》事件・道鏡天位託宣事件と不祥事が相つぎ、宇佐の八幡神宮は深刻な苦悩の中にあったが、その間も朝廷からの崇敬は揺るぐことなく続いていた。また、八幡大菩薩の顕現は、次なる為政者の崇敬も寄せられ、あわせて、ようやく大衆の中にもその信仰が広がる方向も出てきたのである。

八幡大菩薩への信仰

相つぐ不祥事に苦悩する時期も、八幡神宮に対する朝廷の崇敬は続いていた。その顕著な例は、天位託宣事件の後に即位した光仁天皇のとき以来、天皇即位に際して八幡神宮に奉告使が派遣されていたことである（『歴代宇佐使』その他）。これは、即位の都度、それが正当であることを公的にする手段として、八幡大菩薩の威を借りる必要があったからであると考えられる。

光仁天皇についで、桓武天皇の即位奉告使が天応元年（七八一年）四月三日、平城《へいぜい》天皇の即位奉告使が大同元年（八〇六年）五月十八日、嵯峨天皇の即位奉告使が大同四年（八〇九年）四月十三日、淳和《じゅんな》天皇の即位奉告使が弘仁十四年（八二三年）十一月二十四日、仁《にん》

写真34　宇佐神宮本殿

明《みよう》天皇の即位奉告使が天長十年（八三三年）四月五日、文徳天皇の即位奉告使が嘉祥三年（八五〇年）四月十七日にそれぞれ派遣された（この後に、重大な局面を迎えるが別の項で述べる）。

　このころ、朝廷以外からも、八幡大菩薩を崇敬する者が文献に登場する。それは最澄であり空海である。最澄は入唐《にっとう》求法《ぐほう》（出発は延暦二十三年〈八〇四年〉）に先立ち、延暦年中、香春《かわら》社および宇佐の八幡宮に参詣、渡航の安全を願う。香春社では神のために神宮寺の建立もしたという（『続日本後紀』承和四年十二月条、『香春神社御縁起』四、『八幡宇佐宮御託宣集』

巻十二）。帰朝後の弘仁五年（八一四年）、八幡大菩薩と香春神（神宮寺法華院）のために法華経を講じて感謝している（『叡山大師伝』、『宮寺縁事抄』第十、『僧綱補任抄出』上、『託宣集』巻十一など）。一方、空海は入唐求法後の弘仁十四年（八二三年）、嵯峨天皇より教王護国寺（東寺）を賜わり真言密教の根本道場とするが、この際、空海は八幡大菩薩を勧請《かんじょう》して鎮守神とした（『東寺文書』楽十一之十九上・山城、『類聚三代格』二）。

また八幡神宮では、弘仁十四年四月十四日、第三殿を造り大帯姫《おおたらしひめ》（神功皇后）を祀った（『宇佐八幡宮弥勒寺建立縁起』、『託宣集』巻三）。これにより、第一殿に八幡大菩薩、第二殿に比売神、第三殿に大帯姫からなる八幡神宮上宮三殿形式が整ったのである。現在の八幡宮本殿は八幡造りである（国宝・**写真34**参照）が、いつから八幡造りであったのかは明確でない。ただ後述の石清水八幡宮が当初より八幡造りであったといわれることからすると、奈良時代からではないかと考えられる。

弘仁年中（八一〇～八二四年）には、下宮三殿が造営され（『益永文書』、『託宣集』巻四）、天長元年（八二四年）には若宮を造立、四神を祀る。『託宣集』巻十三は後の本地垂迹説にもとづき次のように記す。

若宮四所権現は、

・若宮　・若姫　・宇礼　・久礼　垂迹の御名なり。

・観音　・勢至　・文殊　・普賢《ふげん》　本地の御体なり。

つまり、四所権現は八幡大菩薩（応神天皇）の皇子・皇女であり、若宮は大鷦鷯《おおささきの》皇子＝仁徳天皇、若姫は雌鳥《めとりの》皇女、宇礼は大葉枝《おおはえの》皇子、久礼は小葉枝《こはえの》皇子のことである。先の第三殿に大帯姫（応神天皇の母）を祀ったことを合わせると、八幡神宮はまさに応神一家の神々が鎮まる宮となり、やがてそれらに本地仏が設定され、その信仰は多方面から寄せられつつあった。

柞原八幡宮

八幡大神（大菩薩）の勧請は、第五章でみたように、すでに奈良時代末期から寺院鎮守として始まっていた。東大寺鎮守八幡宮（現手向山八幡宮）がその先がけであった。ここでは鎮守としてではなく、新たな本格的な八幡宮寺が出現したことを述べておこう。

天長四年（八二七年）、延暦寺僧の金亀和尚が、宇佐の八幡神宮に一千日参籠《さんろう》し、一乗妙経を読誦して両部の秘法を勤行《ごんぎょう》した。はたせるかな同七年三月三日に至って示現があり、七月七日には豊後国賀来《かく》村の大楠の二俣上に、大菩薩の初衣である八足の白幡が飛来した。和尚は木のもとにこれを祀ったという。後に右大臣清原夏野が勅を奉じ、豊後国司大江宇久が承和三年（八三六年）に宝殿を造営したという（『柞原八幡宮文書』、『由原八幡宮縁

写真35　柞原八幡宮

起』)。これが柞原《ゆすはら》八幡宮(現大分市八幡上八幡)の始まりと伝える。

　柞原八幡宮(由原八幡宮とも記す)の出現は、宇佐に始まった宮寺制の上からも新たな意味をもっていた。そこで、宇佐の八幡神宮にみる宮寺制をまず確認しておこう。

小椋山頂に八幡造の本殿を中心とした社殿があり、その西北麓に弥勒寺があった(**地図7参照**)。宮寺内の組織として、最高職に大宮司があり、その下に神職団と社僧団が存在し、社僧団(弥勒寺)の長は別当であったが、天長六年(八二九年)に講師職が置かれて(『類聚三代格』三)以後はこの形が継続する。しかし、大宮司を頂上に神職団が中心となっている形ではあるが、実質上弥勒寺僧集団主導で動いていたことは八幡大菩薩の顕現が著しい例といえよう。

これに対し、柞原八幡宮の場合、柞原山の麓に鳥居・南大門があり、頂上に宇佐と同じく八幡造の本殿（写真35参照）を中心とした八幡宮社殿と隣に多宝塔をもつ寺院がある。山の各所に、普賢堂・講堂・神宮寺殿・弥勒堂・阿弥陀堂・元三《がんさん》大師堂・十ヵ所の院坊などが散在するとともに、地主権現社が七ヵ所ほど散在する（以上、当宮所蔵『由原八幡宮絵図』〈江戸時代〉による）。まさに一山が神仏習合の山であった。ここでも明治初年の神仏分離により、仏教的なものはすべて除去されているのが現在の姿である。宮寺内の組織としては、最高職に宮師（僧侶）を置き、その下に神職団と社僧団が存在するという、より徹底した形による僧団中心の宮寺となっていることが注目されよう。

柞原八幡宮は、先述のごとく比叡山延暦寺の僧である金亀の創祀である。外見上の形は比叡山に着々とでき上がりつつあった山岳伽藍が模範であっただろうし、内部組織も僧を頂点に置くのも当然であろう。

宇佐の場合は三神職団（大神・宇佐・辛嶋の三氏）によって創祀から八幡宮寺が成立していった経緯があった。また、宮寺として成立する時代が奈良時代であり、弥勒寺も当時の都における伽藍配置の常識である南面する規則正しい配置をとり入れたのである。

柞原八幡宮が出現した平安時代初期では、奈良時代において裏面の世界にあった仏教徒の山岳修行が一部表面に出て、新仏教（天台・真言）を誕生させた。これにより、伽藍も（比叡山・高野山においても）山岳の地形に応じた自由な配置をとり、平地伽藍の規則性が破られる。宇佐から柞原への変遷には、平安時代初期のこのような趨勢《すうせい》が背後にあることを忘れてはならない。

石清水八幡宮の成立

時の流れは、平安遷都後の政治刷新の努力もむなしく、しだいに有名無実化へと向かう律令政治の中で、藤原氏の台頭が目立つようになってきた。それも、奈良時代末期から大いに天皇を支えてきた藤原式家にかわり、藤原北家が台頭してきたのであって、ついに天安二年（八五八年）、北家の藤原良房が人臣《じんしん》初の摂政となった。

良房は翌貞観元年（八五九年）四月十五日、奈良大安寺の僧行教に命じて宇佐の八幡神宮に参詣させた。これは当初、文徳天皇と良房の娘明子との間に生まれた惟仁《これひと》親王（文徳天皇第四皇子）の即位成就を祈るためであったが、その前年の秋に親王は無事即位して清和天皇となったため、改めて参向し、一夏《いちげ》の間、六時不断に大乗経を転読し、真言密教を念持して大菩薩に祈ったのである。また、これと併行して、同年四月一日、良房が願主となって、宇佐弥勒寺において、八幡三所権現のために一切経の書写をおこなわせており、これは約三年半を費して完成する（『宮寺縁事抄』十三、『石清水遷座略縁起』、『託宣集』巻十一など）。

八幡大菩薩に対する良房の崇敬には、重大な事態が背景としてあった。惟仁親王の即位は年長の三皇子を押しのけてのことである。良房にとっては、世の非難をそらすため皇位継承に権威を示してきた八幡大菩薩の冥助《みょうじょ》にすがり、反対者を圧伏しようと考えたであろうし、即位したとはいえ、幼少の天皇を護り、北家の繁栄と安泰のために、八幡大菩薩の加護は必要欠くべからざるものであったと考えられる。そのためには、遠く離れた宇佐の八幡神宮をないがしろにするわけではないが、この大菩薩を京都近辺に勧請することこそ最良の手段であった。

行教の宇佐参向は、このような背景をもってなされ、貞観元年（八五九年、天安三年は四月十五日をもって貞観元年と改元された）七月十五日の夜半にいたり、「われ深く汝の修善に感応し、敢《あえ》て応忍せず、都に近く座を移し、国家を鎮護せん」との託宣を受けた。

行教は歓喜して帰洛の途につき、八月二十三日、山崎離宮のあたりで、再び「われ都に近く移座せん、王城を鎮護せんがためなり」、その場所は「石清水男山《いわしみずおとこやま》の峰なり、われそこに現はれん」との託宣を受けたという（『石清水八幡宮護国寺縁起』、『宮寺縁事抄』十など）。

行教は山城守紀魚（兼）弼の子として備後に生まれ、大和の大安寺に住し、三論および

写真36　石清水八幡宮

真言密教を学び伝燈大法師位についた僧であるが、ここで彼が紀氏の出身であることに注意しておくべきであろう。大安寺における彼は東室第二坊に住した。唐に渡り帰朝後、宇佐の八幡宮に参詣して一夏九旬の間籠《こも》り続け、大同二年（八〇七年）、八幡大菩薩を大安寺の鎮守として勧請する（第六章参照）など、行教と八幡大菩薩との関わりはきわめて深かった。

このような経歴の持主である行教が再び宇佐に派遣され、八幡大菩薩を京都近辺に勧請するにいたった背景には、藤原北家と紀氏との複雑な関係があったものと推考されている。良房が惟仁親王を即位させて清和天皇が出現する過程で、皇位を争って敗れた惟喬《これたか》親王（文徳天皇の第一皇子）の母は紀氏出身であり、同親王の即位達成のために大いに祈禱した真言僧真済《しんぜい》も紀氏出身であった。いわば、清和天皇の即位が実現することによって、名門紀氏は大きな打撃を受け一族凋落《ちょうらく》の危機に瀕していたといえよう。あたかもその時、行教に良房から八幡大菩薩崇拝の使者としての誘いがあった。一門の活路を見出す好機と行教が受けとり、あえて藤原北家の意向のために一大行動を決意したものと考えられよう。

石清水八幡宮（現京都府八幡市高坊）の成立は貞観二年（八六〇年）とされる（貞観元年とする説もある）が、この場所、つまり男山《おとこやま》（雄徳山、一四三メートル）には、もとから石清水寺という寺院があった。この寺院は紀氏の氏寺であった可能性が強い。

石清水八幡宮の成立にともない、この寺を改築し名も護国寺と改め、神宮寺としたのである。別当には行教の弟子安宗《あんしゅう》がつき、その後、別当の地位は長く紀氏の系統によって継承されていく。話はもどるが、行教は先の二つの託宣を得たことについて奏聞（天皇に申し上げること）すると、ただちに宣旨《せんじ》が下り、木工寮権允《ごんのじょう》橘良基を遣わして宇佐と同様六宇の宝殿（つまり八幡造）を造立せしめ、石清水八幡宮が成立する（写真36参照）。つまり、宝殿造立工事が完成し、三所の御像を安置するのは翌貞観二年のことであっただろう（『日本三代実録』貞観十八年八月十三日条、『宮寺縁事抄』十三、『石清水遷座略縁起』など）。

宮寺制の完成

このようにして、八幡大菩薩の山城進出、つまり石清水八幡宮の成立は、藤原北家の政略的色彩を背景に国家鎮護の仏神として実現した。これを機に宇佐の八幡神宮に対する呼称が変わる。宇佐は八幡の本家本元であるので、これまで八幡宮あるいは八幡神宮といえば、当然のこととして宇佐を意味した。しかし都近くに石清水八幡宮が成立すると、宇佐の方を「八幡宇佐宮」または略して「宇佐宮」と称することになる（一般によく用いられる「宇佐八幡宮」という称は正式にはない）。

石清水八幡宮の成立は、宇佐から杵原へと発展・充実してきた宮寺制を完成に導くものでもあった。

石清水八幡宮の場合、外見上の形からいうと、男山々麓に大鳥居があり、ここから山頂に向って表参道・裏参道が通じ、山上に八幡宮社殿があって、東方やや下に護国寺、山下に神応寺・極楽寺がある。またその他仏教関係の堂塔として、西八角堂・大塔・元三堂・開山堂・愛染堂・正明寺などがあり、坊舎三十数ヵ所が散在し、神祇関係としても数社が描かれている（同宮所蔵『石清水八幡宮絵図』・寛延四年〈一七五一年〉にもとづく）。山全体の神仏混在は杵原よりも一層進んだ形が見てとれる。ここでも、明治初年の神仏分離で仏教的なものはことごとく排除された。

一方宮寺内の組織をみると、成立の時点では神官は存在しなかった。貞観十八年（八七六年）、宇佐に準じて行教一族の紀御豊が勅により神主となって以来紀氏が相続する。しかし、神官組織の存在は宇佐に比して小さかった。支配の実権は検校《けんぎょう》（寺社内の事務を監督する僧侶）にあり、宮寺の事務は別当が掌握し、その下に権別当・修理別当・三綱《さんごう》・所司があった。まさに僧集団支配の体制であり、この面でも杵原より大きく前進しているといえよう。

石清水八幡宮は、その勧請・成立に至る経緯と京都近辺に成立したこともあり、ことのほか皇室の崇敬が篤く、天皇・上皇の行幸は明治十年（一八七七年）までに二百四十回余りに達したという。その他、信仰は貴族・僧侶・武士・庶民にと急速に拡大した。宮寺領は、平安時代に限定しても、封戸三百余、荘園は全国各地に三十四ヵ所に及んだという。

この繁栄の中で、伊勢神宮につぐ第二の宗廟《そうびょう》として尊崇され、賀茂社・春日社とともに三社の随一とされた。三月の臨時祭や八月の放生会は朝廷の大祭・大会《だいえ》とされたほか、永保元年（一〇八一年）には二十二社（平安時代中期から中世にかけて、朝廷より特別の尊崇を受けた神社で、伊勢・石清水・賀茂・松尾・平野・稲荷・春日〈以上、上七社〉、大原野・大神《おおみわ》・石上《いそのかみ》・大和・広瀬・龍田・住吉〈以上、中七社〉、日吉・梅宮《うめのみや》・吉田・広田・祇園・北野・丹生《にゅう》・貴布禰《きぶね》〈以上、下八社〉の二十二社をいう）に列せられるなど、その勢は本家の宇佐宮をしのぐ有様であった。

一地方資料館の輝かしい成果

本章では「八幡信仰の全国的広がりと神仏習合」をテーマにしている。いま述べた石清水八幡宮の成立は、八幡信仰の全国的広がりの上でも大きな意味をもつことは確かである。また、この全国的広がりを、いまも各地に存在するおびただしい数の八幡宮で、つまり数字の上から語ることは実に多い。しかし、その拡大の様相を具体的に述べたものはまったく目にしない。この全国的広がりに話を進めようとするとき、一地方資料館が取組んだ輝かしい成果のあったことを紹介しておかなければならない。

昭和六十一年（一九八六年）十月二十六日から十一月三十日の間、大分県立宇佐風土記の丘歴史民俗資料館（現大分県立歴史博物館）が開館五周年を記念して開催した特別展「八幡大菩薩の世界」がそれである。

宇佐宮をはじめ、石清水八幡宮・鶴岡《つるがおか》八幡宮その他全国の八幡宮に出品を依頼するとともに、調査を試み、集められた資料・史料を関係者全員で検討・整理し、研究成果の発表として開催したすばらしい特別展であった。展示そのものは今や目にすることはできないが、そのときの図録『八幡大菩薩の世界』がまたすばらしくよくできている。

その内容構成は、展示に合わせ、「八幡神の成立」（古代の宇佐と八幡神、御許山と御澄《みすみ》池、放生会と行幸会、応神天皇と八幡神）、「神仏習合と八幡神」（弥勒神宮寺の成立、八幡信仰と美術〈神仏習合の美術・八幡縁起絵の成立と展開〉）、「八幡信仰の拡大と蒙古襲来」（八幡信仰の展開、荘園制と八幡信仰、蒙古襲来）となり、巻末の付録として、「列品解説」と「八幡大菩薩の世界」年表が添えられている。専門的な研究の立場からいえば、「八幡神の成立」や「神仏習合と八幡神」の部門にはなお多くの問題を残すが、この時点で発表されていた他の成果に比して、着想も考察においてもすぐれている。とりわけ、「八幡信仰の拡大と蒙古襲来」の部門は、これまで具体的に述べられたものがないだけに貴重である（本章においても、特にこの部分に負うところが大である）。また、巻末の年表は工夫がこらされ、八幡神関係事項・（一般）関連事項・（全国）八幡社の鎮座（伝承）事項・関連文化財が一目でわかる便利なものである。

『八幡大菩薩の世界』は、一地方資料館が開催した特別展の図録であるといってしまえばそれまでであるが、その内容はこの面における当を得た入門書であり、不朽の名著であるといっても過言ではなかろう。

石清水勧請経路に出現した八幡宮

石清水八幡宮の成立は、にわかに新たな勧請と新たな八幡宮の出現を助長した。まず、宇佐から石清水への勧請経路に当る所に、十二の八幡宮が成立する。行教がたどった経路は、常識的に考えて、宇佐より陸路を北上し、門司のあたりから瀬戸内海を海路で東進、現兵庫県加古川市あたりから陸路で（河川を利用した部分もあろう）石清水に至ったことが想定できよう。これだけの長い経路であるから、あちこちに立ち寄り休息・宿泊をしながら進んだと考えられる。行教が宇佐で得た最初の託宣が貞観元年（八五九年）七月十五日の夜半であり、山崎離宮のあたり（男山のすぐそば）で二度目の託宣を得たのが八月二十三日であるから、三十七日から三十八日間を要した勧請の旅であった。

この間、立ち寄った所には八幡大菩薩足跡の伝承が生じ、八幡宮の誕生をみたのである。先に紹介した図録によると、その数は十二カ所、八幡神社（現大分県中津市高瀬）、正八幡神社（現福岡県行橋市大橋）、正八幡神社（現同市延永）、亀山八幡宮（現山口県下関市中之町）、琴崎八幡宮（現山口県宇部市上宇部）、八幡宮（現山口県熊毛郡田布施町大波野）、石清水八幡神社（現愛媛県今治市玉川町八幡）、玉生八幡神社（現同市波方町波方）、八幡神社（現広島県尾道市久保町）、八幡神社（現香川県高松市屋島中町）、駒宇佐八幡神社（現兵庫県三田市上本庄）、離宮八幡宮（現京都府乙訓郡大山崎町）である。

この十二社、いずれも貞観元年（八五九年）、宇佐からの勧請と伝えているが、先に確認した行教の勧請行程が同年の七月から八月であることからして、このように伝えるのも当然であろう。最後の離宮八幡宮は、嵯峨天皇の離宮があった所であるゆえにこの名がある。ここまで勧請された八幡大菩薩は、男山に宝殿が完成するのを待ち、翌年、男山に創祀されたものと考えられる。

源氏の守護神

石清水八幡宮が朝廷・貴族をはじめ、各層の信仰を集めて、急速な躍進途上にあったことはすでに述べたが、とりわけ源氏の崇敬を得たことは、石清水八幡宮にとっても大きな転機となる。摂津国多田荘（現兵庫県川西市）は清和源氏発祥の地であるが、源頼信が、永承元年（一〇四六年）、石清水の神前に捧げた「告文」に、八幡大菩薩の加護を願い、大菩薩をして源氏の氏神と崇めている。

『尊卑分脈《そんぴぶんみゃく》』によると、源頼義（頼信の子）が石清水八幡宮に参籠したとき、社殿で三寸の霊剣を賜わった夢をみた後、覚めてみると枕もとに小剣があったので、感涙をぬぐって持ち帰り家宝とした。同じ月に妻が懐妊し、やがて生まれたのが義家であった。そこで義家七歳の春、石清水の神前で元服させ、八幡太郎と号したという。世に名高い八幡太郎義

写真37　鶴岡八幡宮

家のいわれである。

頼義はやがて前九年の役で東北に赴く際、もちろん石清水八幡宮に祈願して出発した。平定後の康平六年（一〇六三年）八月、ひそかに石清水の八幡大菩薩を鎌倉由比郷に勧請、社殿を建立した。その後永保元年（一〇八一年）二月、義家が修理したという（『吾妻鏡』治承四年十月十二日条）。

ついで、平氏追討に関して以仁王《もちひと》の令旨《りょうじ》が下るや伊豆から頼朝が挙兵、鎌倉に入る。治承四年（一一八〇年）十月七日、まず由比の八幡宮を遥拝、間もなく鎌倉を根拠地とすることに決した頼朝は、祖先以来の八幡大菩薩への崇敬の拠所として、小林郷の北の山麓に由比の八幡宮を遷《うつ》した。頼朝はこれを「鶴岡八幡新宮《いまみや》若宮」と呼んだという。

この新宮は急な造営であったので、いわば仮社殿であったと考えられる。その後、養和元年（一一八一年）に社殿が完成し、若宮大路の着工、社前に池（源平池）を造り、浜の大鳥居の建立など、着々と関連施設も整えられていった。文治三年（一一八七年）八月には、放生会と流鏑馬《やぶさめ》が催され神事も整い始めていた。

しかし、建久二年（一一九一年）三月の大火で諸社殿は灰燼《かいじん》に帰してしまう。この復興にあたり、頼朝は後山（大臣山《だいじんやま》）中腹に本宮（上宮）を造営、改めて石清水八幡宮より大菩薩を勧請して、上宮・下宮からなる新たな鶴岡八幡宮が誕生した（写真37参照）。鎌倉を京都に、八幡宮を内裏に、若宮大路を朱雀大路にそれぞれなぞらえ、鎌倉幕府の諸行事なども八幡宮を中心としておこなわれたのである。

源氏の氏神として崇敬された八幡大菩薩は、たちまち武士全体の崇敬するところとなり、鎌倉幕府滅亡後も、鶴岡八幡宮は武士の精神的拠所として存続する。鶴岡八幡宮も当然のことながら宮寺制を継承する。

享保十七年（一七三二年）の『鶴岡八幡宮境内絵図』（当宮蔵）でみると、上宮には廻廊に囲まれた拝殿と本殿、その外に愛染堂・六角堂・白旗社があり、一段低い下宮は、中央に仁王門と神楽殿、西に護摩堂と輪蔵、東に大塔と薬師堂などが配置されていた。ここも、やはり神仏習合の宮であった。もちろん当宮寺も、明治初年の神仏分離で仏教的なものはすべて除去されて現状の姿となっている。内部組織も、最高責任者は別当（僧侶）で一山の事務を掌握し、その下に供僧《ぐそう》（後に二十五名）・神主と組織され、宮寺の運営は完全に僧侶の手中にあったのである。

寺院鎮守・国府鎮守・荘園鎮守と三系統の勧請

鶴岡八幡宮が成立し、源氏をはじめ武士の八幡大菩薩崇拝の風潮が高まるにつれ、八幡信仰の広がりは一挙に全国的なものへと拡大する。まず、寺院鎮守として八幡神を勧請することは奈良時代末期に始まっていたが、これについてはすでに述べた（第五章参照）。ここでは新たな方面への八幡大菩薩の勧請について概観しておく。

まず国府鎮守として勧請されることが始まる。国府は諸国に置かれた国司の役所（国衙《こくが》）の所在地のことで、いわば地方政庁を鎮護するものとして鎮守社を祀るが、八幡大菩薩を勧請することが多かったのである。先の『図録』によると、豊前・対馬・讃岐・安芸・淡路・三河・遠江・伊豆・甲斐・相模・安房・上総・下総・飛騨・信濃・下野・若狭・加賀・能登・越中などの諸国に勧請され、それぞれ八幡宮（または八幡神社）が成立している。

次に荘園鎮守であるが、周知のごとく荘園は平安時代以降中世にかけて発達する。荘園にはさまざまな施設ができる中で、やはりその守護神を祀る鎮守社は最重要なものの一つであっただろう。鎮守として有力な神を勧請するが、ここでも多くは八幡大菩薩を勧請した。荘園は全国に分布するものであり、その数は枚挙《まいきょ》に遑《いとま》がない。

荘園鎮守として八幡大菩薩を勧請することが多くなると、八幡信仰が広く全国に及び、八幡宮（または八幡神社）も全国各地に出現することになった。ここに八幡大菩薩は、鎮守であるとともに、大衆にも崇敬され親しまれる仏神となったのである。

宇佐・石清水・鶴岡の三大八幡宮がそろい、寺院鎮守・国府鎮守・荘園鎮守などとして各地に勧請されるとき、その勧請の系統も、宇佐からの勧請、石清水からの勧請、鶴岡からの勧請と、ほぼ三系統の勧請が生ずることになった（中には他の八幡宮からの勧請例も若干ある）。九州は八幡発祥の地である関係上、八幡宮の数も突出して多いが、その大半が宇佐からの勧請であることはいうまでもない。

八幡伝承の広がり

八幡信仰の全国的広がりとともに、八幡伝承もまた全国に広がった。八幡大菩薩の勧請経路、勧請事情により、伝承もさまざまである。大ざっぱではあるが広がりをみておこう。

宇佐を中心とした九州地方では、八幡神の成立を中心に、神功・応神伝承、関係する神々の伝承、奈良の朝廷との関わりを伝えるもの、隼人征伐に関わるもの、和気清麻呂に関わるもの、僧侶の参詣に関わるものなどが多い。ここで大きな役割を果たすのが『八幡宇佐宮御託宣集』であろう。九州に近い中国・四国地方では、九州の伝承を核としながら、新たなものも加わってくる。

近畿地方になると、伝承の上でも石清水八幡宮が中心となる。勧請伝承や近郊の寺社との関わり、皇室・貴族・武士・僧侶などの参詣に関わる伝承が数多く生まれ、また、それらが文学作品を彩る題材ともなっていく。

東海・北陸地方になると、鶴岡八幡宮の諸伝承を中心に、勧請伝承に武神的な伝承が加わってくる。関東から東北地方にかけては、前九年・後三年の役を軸に、ことごとく武神八幡大菩薩としての伝承が広がる。八幡神には古くから武神的性格はあったが、源氏による崇敬以後、「八幡大菩薩」の旗は、武士団の先頭に押し立てられ、武神としての性格が鮮明となり、元寇の際にはそれが最高潮に達したといえよう。『八幡愚童訓』などはこれを後世に伝える上で重要な役割を果たした作品である。

八幡伝承の広がりと浸透は八幡信仰の広がりと裏腹の関係となって、各層の人々をして、「護国霊験威力神通大自在王菩薩」のもとに、より一層の信仰心をかきたてさせたことであろう。

八幡大菩薩のふるさと

本書の最終章を締めくくるにあたり、八幡大菩薩の原点であり、ふるさとである宇佐・国東を、改めて振り返ろう。

八幡神・八幡大神・八幡大菩薩の歴史は、石清水への勧請、鶴岡への勧請で、大きく転換した。特に、王城の膝元に成立した石清水八幡宮は、皇室・貴族・僧侶・武士・庶民に至る崇敬を集め、その権威と繁栄は第二の宗廟といわれるに相応《ふさわ》しいものであった。

これに比して、本家本元の宇佐は人々の心からしだいに遠のいていく。ことに荘園の領有面では、宇佐宮の荘園（平安時代末期には九州最大の荘園領主であった）と弥勒寺の荘園（国東半島を中心とした浦部十五荘その他九州各地に存在）はそれぞれ独立していた。大治三年（一一二八年）、弥勒寺は本家職《ほんけしょく》（荘園の領有権）を石清水八幡宮に寄進したので、弥勒寺（末寺も含めて）は石清水八幡宮の支配下に入るという有様であった。石清水八幡宮の繁栄とは逆に、八幡宇佐宮は九州の一大社に甘んじなければならなくなった。

人心は常に脚光を浴びるものに傾く。その中で本来のものを忘却していくことは、歴史の中で繰り返されてきた。ここでもその例に漏れない。しかし、考えてみれば、勧請によって誕生したのが石清水・鶴岡以下全国各地の八幡宮であり、勧請は完成したものを招き祀るのである。そこにはその神が成立した背景がない。都が東京に遷《うつ》り、神仏分離により仏教的なものが除去された今、石清水八幡宮に詣でて山上の社殿を前にしたとき、かつての権威と繁栄はいずこへ、の感がひとしおである。

その点、宇佐・国東は違う。八幡宮・八幡神宮・八幡大菩薩宮・八幡宇佐宮といわれてきたその宮は、いま「宇佐神宮」と称する。広大な宇佐神宮の神域（御許山まで含めて国史跡）のみならず、宇佐には八幡という仏神を育んださらに広大な背景がある。この背景地は、山国川以東の現中津市・宇佐市・大分市、さらに国東半島（豊後高田市・国東市・杵築《きつき》市・日出町）に及ぶ。そこには太古以来の山河と大地があり、人々の営為《いとなみ》と信仰を培ってきた。なおいえば、大陸伝来の仏教や道教も、日本の八百万神《やおよろずのかみ》をも吸収して、八幡なる仏神を育んだのである。

この地には、特異な仏神の成立と発展、その宮である八幡宮の成立と発展に寄与してきた大神・宇佐・辛嶋三氏の末裔が、今なお多く各方面で力強く活動しておられる（本姓以外の姓を名のっておられる場合が多い）。八幡宮の大宮司職は最初大神氏が独占したが、十一世紀ころからは宇佐氏の進出が目立つようになり、鎌倉時代以降は宇佐氏の独占となる。現宇佐神宮の宮司も宇佐氏である。このあたりにも、この仏神とこの宮の奥深さを痛感する。

　しかし、この宮においても、明治初年の神仏分離は過酷に断行され、仏教的なものはすべて除去された。今、神宮にのこる『宇佐宮古図』（通称応永の古図・県有文）などをみると、弥勒寺の西参道以南には南大門・中門・東西三重塔・金堂・講堂・鐘楼・経蔵・四王堂・楼門・東大門・西大門などがあり、西参道以北には、堂行堂・食堂・東西宝塔・新宝塔・北中門・北大門、北大門の北には坊舎が軒を並べ一大伽藍を誇っていた。表参道以東にも、大鳥居を入った所の左手に大塔（多宝塔）、菱形池北側に五重塔、南側に三重塔を中心とする堂舎、さらには小椋山南側の宮迫《みやさこ》にも坊舎群が描かれている。この図にはないが御許山にも坊舎群があった。今はなき、このような堂塔などを頭中に描きながら境内にたたずむとき、かつての八幡大菩薩宮の偉容がよみがえるであろう。

　これだけのものが失なわれたのだから、その遺産たるや、今日に遺るものの比ではない。しかし、広大な神域とより広大な背景地がゆったりと広がるのが嬉しい。八幡神から八幡大神、さらに八幡大菩薩へと成長したこの仏神、それはこの豊かにして広大な背景地の中で育まれたのである。神仏習合の神として生まれ、神仏習合を常に先導し続けたのである。

　国東半島では、八幡仏教徒たちが修行の場を求めて入っていった山々に、独特な修験が育った。六郷満山寺院が成立し、天台系修験とはいうものの、その実八幡修験であった。八幡大菩薩の裏の顔ともいうべき大衆化された宗教文化が人々の生活の中に浸透した。

ここでも神仏分離の爪痕は随所に残るが、訪れる者は、苔むした山寺の石段にかつての姿をしのび、人々の篤い信仰の中から生まれた国東塔の、洗練された美しさに心を癒されるのである。

現在、正確には把握し難いようであるが、全国に鎮座する神社数は約十万社、うち八幡神を祀る神社数は約四万社（旧村社以上）といわれる（『神道史大辞典』による。最近、八幡神は第一位としながらも七八一七社という極端に低い数字を提示する研究者もいる）。「八幡大菩薩」として、「八幡さん」として、いかにこの仏神がわが国の人々の間に崇敬され、親しまれたかを物語る。本書により、八幡大菩薩の成立と発展に興味をもたれた方々は、そのふるさと宇佐・国東を訪れられるとともに、その広大な山河にも、時間の許す限り対話されることを願ってやまない。

おわりに

宇佐・国東と私との関わりは、平成三年（一九九一年）八月からであった。四十年以上の長きにわたる知友の後藤正二氏（元大分県立宇佐風土記の丘歴史民俗資料館館長）からのお奨めもあり、八幡神および八幡宮寺の成立を求めて、福岡県東部から大分県の中津市（含、本耶馬渓・耶馬渓・三光地区）、宇佐市（含、安心院・院内地区）、大分市、国東半島と、毎年のように踏査して歩いた。この間、後藤氏はいうまでもなく、多くの地元の方々からご協力を賜わり、前著『八幡宮寺成立史の研究』を公刊したのが平成十五年（二〇〇三年）三月で、この間、十二年の歳月を要したのである。

その後も、この地は毎年のように訪れている。訪れれば訪れるほど、さらにいろんな人たちと会い、八幡や神仏習合について語り合う。中でも、豊後高田市の永岡惠一郎氏（宇佐神宮・国東半島を世界遺産にする会会長）や宇佐市の高橋宣宏氏（同会副会長）などは、地元の文化遺産保護のために重要な役割を果たしておられる。これらの方々とのお話や学会などで耳にすることなどを総合しても、「八幡神」や「八幡大菩薩」・「神仏習合」だけが独り歩きし、その成立事情や発展・変遷については、じゅうぶんに理解されていないことが多い。そこで、これらのことについて、特に一般の方々に理解しやすい形で書き下ろす必要性を強く感じたのが、本書執筆の動機であった。

日本の神々の中で、この神（仏神）ほど長大な成立の背景をもつ神は他にないだろうし、また、これほど多く全国各地に勧請された神もなかろう。しかも、当初より神仏習合の神として成立し、常に神仏習合を先導した。したがって、本書の執筆も以上の三点に焦点をあてたものとなった。第一章・第二章では、神仏習合の一般的動向を述べたあと、第三章以降は、八幡神・八幡大神・八幡大菩薩へと成立・発展した道筋と、その宮も、八幡宮・八幡神宮・八幡大菩薩宮・八幡宇佐宮へと変遷した軌跡を中心に、神仏習合といかに関わり続けたかを追った。

このような膨大な背景と変遷は、第八章で述べたように、石清水や鶴岡を始めとする全国の八幡宮には見られない。なぜならば、全国に今なお約四万社も存在する八幡宮は、すべて勧請によって広がったものであり、勧請された時点から以後の歴史しかもたない。その点、本家本元である宇佐の八幡宮においては、冒頭に記した地域の山河・平地にわたって、八幡なる仏神の長期にわたる成立と変遷の歴史が培われた。まさに、この地だけに八幡大菩薩の広大なふるさとが広がるのである。

このふるさとを、八幡文化圏としてとらえ、全国のどの地域にも見られない、この地独特の文化と遺産（裏面のものも含めて）を各章にわたって述べた。ふるさとの山河は、ときにやさしく、ときに厳しく、八幡なる仏神に注がれ、この仏神を育んでいった様を、訪れる人びとに語りかけている。このすばらしい歴史の対話の地として、宇佐・国東を全国に向けて発信していく必要を痛切に感じる。八幡大菩薩のふるさとを理解されて、この地を訪れようとされる方々が増加すれば、望外の喜びというべきであろう。

末筆ながら、今回の出版に際して宇佐・国東の地元の方々からは、「本は順調に書けていますか」、「いつごろ出ますか」などと、常に温かい励ましや、ご協力を賜わった。ここに記して、感謝申し上げる。また、講談社現代新書の田中浩史氏をはじめとする方々より、多大のご理解とお世話をいただいた。心から御礼申し上げる。

逵　日出典

平成十九年七月十五日

参考文献

〔参考文献はあまりにも膨大なものになるので、戦後の、しかも代表的な単行本に限定した。〕

一、八幡神・八幡大菩薩に関するもの

宮地直一著『八幡宮の研究』、昭和三十年十月、蒼洋社

大分県文化財調査報告書第七集『弥勒寺遺跡』、昭和三十六年三月、大分県教委

中野幡能著『八幡信仰史の研究』（増補版）、昭和五十一年五月、吉川弘文館

入江英親著『宇佐八幡の祭と民俗』、昭和五十年十月、第一法規出版

中野幡能編『英彦山と九州の修験道』（山岳宗教史研究叢書第十三巻）、昭和五十二年十二月、名著出版

田村圓澄著『古代朝鮮仏教と日本仏教』、昭和五十五年六月、吉川弘文館

橋本操六著『放生会道』（大分県文化財調査報告第四十九輯）、昭和五十六年一月、大分県教委

末広利人著『勅使街道』（大分県文化財調査報告第五十輯）、昭和五十六年二月、大分県教委

伊藤勇人著『行幸会道』（大分県文化財調査報告第五十二輯）、昭和五十六年二月、大分県教委

伊藤勇人著『奈多行幸会道』（大分県文化財調査報告第六十輯）、昭和五十七年三月、大分県教委
中野幡能編『八幡信仰』（民衆宗教史叢書第二巻）、昭和五十八年七月、雄山閣
中野幡能著『八幡信仰』、昭和六十年六月、塙書房
中野幡能著『宇佐宮』、昭和六十年十月、吉川弘文館
大分県立宇佐風土記の丘歴史民俗資料館編『八幡大菩薩の世界』、昭和六十一年十月、同資料館
大分県文化財調査報告第七十一輯『八面山の文化財』、昭和六十年三月、大分県教委
大分県立宇佐風土記の丘歴史民俗資料館報告書第七集『弥勒寺――宇佐神宮弥勒寺旧境内発掘調査報告書――』、平成元年三月、同資料館
上田正昭編『古代の道教と朝鮮文化』、平成元年十一月、人文書院
後藤宗俊著『東九州歴史考古学論考――古代豊国の原像とその展開――』、平成三年二月、山口書店
大分県立宇佐風土記の丘歴史民俗資料館編『宇佐大路――宇佐への道調査――』、平成三年三月、同資料館
宇佐市教育委員会編『史迹宇佐神宮境内保存管理計画書』、平成四年三月、宇佐市教委
土田充義著『八幡宮の建築』、平成四年四月、九州大学出版会
日本歴史地名大系第四十五巻『大分県の地名』、平成七年二月、平凡社
中野幡能編『宇佐神宮の研究』、平成七年八月、国書刊行会
貫達人著『鶴岡八幡宮寺――鎌倉の廃寺――』、平成八年十月、有隣堂

大分市教育委員会文化財室編『大分市の文化財』、平成九年三月、大分市教委
中野幡能著『八幡信仰と修験道』、平成十年二月、吉川弘文館
田村圓澄著『古代日本の国家と仏教——東大寺創建の研究——』、平成十一年五月、吉川弘文館
大分県教育委員会文化課編『宇佐・くにさきの歴史と文化財』、平成十四年三月、大分県教委（平成十九年三月、「宇佐神宮・国東半島を世界遺産にする会」がその著作権の使用許可を得て若干の修正を加え再版された）
逵日出典著『八幡宮寺成立史の研究』、平成十五年三月、続群書類従完成会
神社と神道研究会編『八幡神社——歴史と伝説——』、平成十五年十月、勉誠出版
飯沼賢司著『八幡神とはなにか』、平成十六年六月、角川書店
日本歴史地名大系第四十一巻『福岡県の地名』、平成十六年十月、平凡社

二、神仏習合に関するもの

村山修一著『神仏習合思潮』、昭和三十二年、平楽寺書店
久保田収著『中世神道の研究』、昭和三十四年十二月、神道史学会
桜井徳太郎著『神仏交渉史研究』、昭和四十三年二月、吉川弘文館
岡田精司著『古代王権の祭祀と神話』、昭和四十五年四月、塙書房
石田一良編『神道思想集』（日本の思想・十四）、昭和四十五年十一月、筑摩書房
大場磐雄著『神道考古学論攷』、昭和四十六年七月、雄山閣

景山春樹著『神体山』、昭和四十六年十月、学生社
村山修一著『本地垂迹』、昭和四十九年六月、吉川弘文館
圭室文雄著『神仏分離』、昭和五十二年十月、教育社
景山春樹著『神像――神々の心と形――』、昭和五十三年五月、法政大学出版局
宮家準著『修験道――山伏の歴史と思想――』、昭和五十三年九月、教育社
高取正男著『神道の成立』、昭和五十四年四月、平凡社
景山春樹著『比叡山と高野山』、昭和五十五年三月、教育社
石田一良著『カミと日本文化』、昭和五十八年十月、ぺりかん社
岡田精司著『神社の古代史』、昭和六十年十月、大阪書籍
逵日出典著『神仏習合』、昭和六十一年八月、六興出版、平成五年より臨川書店
田辺三郎助編『神仏習合と修験』（図説日本の仏教第六巻）、平成元年十二月、新潮社
逵日出典著『奈良朝山岳寺院の研究』、平成三年二月、名著出版
曾根正人編『神々と奈良仏教』（論集奈良仏教第四巻）、平成七年二月、雄山閣
国立歴史民俗博物館編『神と仏のいる風景――社寺絵図を読み解く――』、平成十五年二月、山川出版社
村山修一著『神仏習合の聖地』、平成十八年十一月、法蔵館
奈良国立博物館編『特別展・神仏習合――かみとほとけが織りなす信仰と美――』、平成十九年四月、同博物館

N.D.C.210　255p　18cm
ISBN978-4-06-287904-0

講談社現代新書　1904

八《はち》幡《まん》神《しん》と神《しん》仏《ぶつ》習《しゅう》合《ごう》

二〇〇七年八月二〇日第一刷発行　二〇一九年七月二六日第四刷発行

著者　逵《つじ》日《ひ》出《で》典《のり》　

発行者　渡瀬昌彦

発行所　株式会社講談社
東京都文京区音羽二丁目一二―二一　郵便番号一一二―八〇〇一
電話　〇三―五三九五―三五二一　編集（現代新書）
〇三―五三九五―四四一五　販売
〇三―五三九五―三六一五　業務

装幀者　中島英樹

印刷所　豊国印刷株式会社

製本所　株式会社国宝社

定価はカバーに表示してあります　Printed in Japan

「講談社現代新書」の刊行にあたって

教養は万人が身をもって養い創造すべきものであって、一部の専門家の占有物として、ただ一方的に人々の手もとに配布され伝達されうるものではありません。

しかし、不幸にしてわが国の現状では、教養の重要な養いとなるべき書物は、ほとんど講壇からの天下りや単なる解説に終始し、知識技術を真剣に希求する青少年・学生・一般民衆の根本的な疑問や興味は、けっして十分に答えられ、解きほぐされ、手引きされることがありません。万人の内奥から発した真正の教養への芽ばえが、こうして放置され、むなしく滅びさる運命にゆだねられているのです。

このことは、中・高校だけで教育をおわる人々の成長をはばんでいるだけでなく、大学に進んだり、インテリと目されたりする人々の精神力の健康さえもむしばみ、わが国の文化の実質をまことに脆弱なものにしています。単なる博識以上の根強い思索力・判断力、および確かな技術にささえられた教養を必要とする日本の将来にとって、これは真剣に憂慮されなければならない事態であるといわなければなりません。

わたしたちの「講談社現代新書」は、この事態の克服を意図して計画されたものです。これによってわたしたちは、講壇からの天下りでもなく、単なる解説書でもない、もっぱら万人の魂に生ずる初発的かつ根本的な問題をとらえ、掘り起こし、手引きし、しかも最新の知識への展望を万人に確立させる書物を、新しく世の中に送り出したいと念願しています。

わたしたちは、創業以来民衆を対象とする啓蒙の仕事に専心してきた講談社にとって、これこそもっともふさわしい課題であり、伝統ある出版社としての義務でもあると考えているのです。

一九六四年四月　野間省一

哲学・思想Ⅱ

Ⓑ

宗教

27 禅のすすめ——佐藤幸治
135 日蓮——久保田正文
217 道元入門——秋月龍珉
606 「般若心経」を読む——紀野一義
667 生命《いのち》あるすべてのものに　マザー・テレサ
698 神と仏——山折哲雄
997 空と無我——定方晟
1210 イスラームとは何か——小杉泰
1469 ヒンドゥー教　クシティ・モーハン・セーン　中川正生 訳
1609 一神教の誕生——加藤隆
1755 仏教発見!——西山厚
1988 入門 哲学としての仏教　竹村牧男
2100 ふしぎなキリスト教——橋爪大三郎 大澤真幸
2146 世界の陰謀論を読み解く——辻隆太朗
2159 古代オリエントの宗教　青木健
2220 仏教の真実——田上太秀
2241 科学vs.キリスト教——岡崎勝世
2293 善の根拠——南直哉
2333 輪廻転生——竹倉史人
2337 『臨済録』を読む——有馬頼底
2368 「日本人の神」入門——島田裕巳

文学

日本語・日本文化

105 タテ社会の人間関係　中根千枝
293 日本人の意識構造——会田雄次
444 出雲神話——松前健
1193 漢字の字源——阿辻哲次
1200 外国語としての日本語——佐々木瑞枝
1239 武士道とエロス——氏家幹人
1262 「世間」とは何か——阿部謹也
1432 江戸の性風俗——氏家幹人
1448 日本人のしつけは衰退したか——広田照幸
1738 大人のための文章教室　清水義範
1943 なぜ日本人は学ばなくなったのか——齋藤孝
1960 女装と日本人——三橋順子
2006 「空気」と「世間」——鴻上尚史
2013 日本語という外国語　荒川洋平
2067 日本料理の贅沢——神田裕行
2092 新書　沖縄読本——下川裕治 仲村清司　著・編
2127 ラーメンと愛国——速水健朗
2173 日本人のための日本語文法入門——原沢伊都夫
2200 漢字雑談——高島俊男
2233 ユーミンの罪——酒井順子
2304 アイヌ学入門——瀬川拓郎
2309 クール・ジャパン!?　鴻上尚史
2391 げんきな日本論——橋爪大三郎 大澤真幸
2419 京都のおねだん——大野裕之
2440 山本七平の思想——東谷暁